피서가 들려주는
추정 이야기

NEW 수학자가 들려주는 수학 이야기 77
피셔가 들려주는 추정 이야기

ⓒ 김승태, 2009

2판 1쇄 인쇄일 | 2025년 10월 10일
2판 1쇄 발행일 | 2025년 10월 24일

지은이 | 김승태
펴낸이 | 정은영
펴낸곳 | (주)자음과모음

출판등록 | 2001년 11월 28일 제2001-000259호
주소 | 10881 경기도 파주시 회동길 325-20
전화 | 편집부 (02)324-2347, 경영지원부 (02)325-6047
팩스 | 편집부 (02)324-2348, 경영지원부 (02)2648-1311
e-mail | jamoteen@jamobook.com

ISBN 978-89-544-5322-6 44410
　　　978-89-544-5196-3 (세트)

• 잘못된 책은 교환해 드립니다.

김승태 지음

NEW
수학자가 들려주는
수학 이야기
77

피셔가 들려주는
추정 이야기

㈜자음과모음

추천사

수학자라는 거인의 어깨 위에서
보다 멀리, 보다 넓게 바라보는
수학의 세계!

 수학 교과서는 대개 '결과'로서의 수학을 연역적으로 제시하는 경향이 강하기 때문에 학생들은 수학이 끊임없이 진화해 왔다고 생각하기 어렵습니다. 그렇지만 수학의 역사는 하나의 문제가 등장하고 그에 대해 많은 수학자가 고심하고 이를 해결하는 가운데 새로운 아이디어가 출현해 온 역동적인 과정입니다.

 〈NEW 수학자가 들려주는 수학 이야기〉는 수학 주제들의 발생 과정을 수학자들의 목소리를 통해 친근하게 이야기 형식으로 들려주기 때문에 학생들이 수학을 '과거 완료형'이 아닌 '현재 진행형'으로 인식하는 데 도움이 될 것입니다.

 학생들이 수학을 어려워하는 요인 중의 하나는 '추상성'이 강한 수학적 사고의 특성과 '구체성'을 선호하는 학생의 사고 사이에 존재하는 간극이며, 이런 간극을 줄이기 위해서 수학의 추상성을 희석시키고 수학 개념과 원리의 설명에 구체성을 부여하는 것이 필요합니다.

 〈NEW 수학자가 들려주는 수학 이야기〉는 수학 교과서의 내용을 생동감 있게 재구성함으로써 추상적인 수학을 구체성을 갖는 수학으로 변모시키고 있습니다. 또한 중간중간에 곁들여진 수학자들의 에피소드는 자칫 무료해지기 쉬운 수학 공부에 윤활유 역할을 해 줄 것입니다.

〈NEW 수학자가 들려주는 수학 이야기〉의 구성을 보면 우선 수학자의 업적을 개략적으로 소개하고, 6~9개의 강의를 통해 수학 내적 세계와 외적 세계, 교실 안과 밖을 넘나들며 수학 개념과 원리를 소개한 후 마지막으로 강의에서 다룬 내용을 정리합니다.

이런 책의 흐름을 따라 읽다 보면 각각의 도서가 다루고 있는 주제에 대한 전체적이고 통합적인 이해가 가능하도록 구성되어 있습니다. 〈NEW 수학자가 들려주는 수학 이야기〉는 학교 수학 교과 과정과 긴밀하게 맞물려 있으며, 전체 시리즈를 통해 학교 수학의 많은 내용들을 다룹니다. 따라서 〈NEW 수학자가 들려주는 수학 이야기〉를 학교 수학 공부와 병행하면서 읽는다면 교과서 내용의 소화 흡수를 도울 수 있는 효소 역할을 할 것입니다.

뉴턴이 'On the shoulders of giants'라는 표현을 썼던 것처럼, 수학자라는 거인의 어깨 위에서는 보다 멀리, 넓게 바라볼 수 있습니다. 학생들이 〈NEW 수학자가 들려주는 수학 이야기〉를 읽으면서 각 수학자의 어깨 위에서 보다 수월하게 수학의 세계를 내다보는 기회를 갖기를 바랍니다.

홍익대학교 수학교육과 교수 | 《수학 콘서트》 저자 박경미

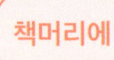

책머리에

세상의 진리를 수학으로 꿰뚫어 보는 맛 그 맛을 경험시켜 주는 '추정' 이야기

영국의 농학자이자 통계학자인 피셔는 케임브리지 대학교를 졸업한 뒤 런던 교외에 있는 로섬스테드 농사 시험 통계 연구실에서 일하였습니다. 그리고 런던 대학교 우생학 교수를 거쳐 1943년 이후로 모교인 케임브리지 대학교에서 교수로 지냈습니다. 피셔는 종래의 수리통계학을 개혁하고 그것을 추계학이라는 새로운 학문으로 발전시켰으며 실험계획법을 확립하였습니다.

우리 생활에서 통계만큼 자주 활용되는 수학 분야도 드물 것입니다. 간단한 조사에서 복잡한 예측에 이르기까지 통계는 그야말로 우리 사회의 여러 방면에서 중요한 역할을 하고 있습니다. 그래서 저는 이 통계라는 것을 어떻게 하면 '우리 학생들에게 좀 더 쉽고 재밌게 설명해 줄 수 있을까.' 하고 수없이 고민하였습니다. 그 결과 숫자와 설명으로만 배우는 수학이 아닌, 이야기와 컴퓨터 프로그램으로 배우는 수학 이야기를 쓰기로 하였습니다. 그렇게 탄생하게 된 책이 바로 이 책입니다.

저는 수학을 재미있게 개혁하기 위하여 피셔라는 개혁가와 일심동체가 되어 이 책을 썼다고 자부합니다. 수학자로서의 피셔, 통계학자로서의 피셔, 농학자로서의 피셔가 여러분에게 좀 더 솔직하고 매력적인 모습으로 다가가길 바랍니다. 그리고 그렇게 함으로써 여러분이 이 책을 통하여 접하게 된 여러 수학적 개념이 이전보다 훨씬 더 친근하고 가깝게 여겨질 수 있다면 제 작은 노력은 소기의 목적을 달성했다고 할 수 있을 것입니다.

김승태

차례

추천사   4
책머리에   6
100% 활용하기   10
피셔의 개념 체크   22

1교시
추정   33

2교시
모집단과 표본   47

3교시
표본평균의 분포   67

4교시
모평균의 추정   85

5교시
신뢰도와 오차　　　　　　　　　　　　　　　　　99

6교시
추정과 연관된 간단한 문제　　　　　　　　　　　119

7교시
일상생활에서 적용되는 추정 이야기　　　　　　　137

1 이 책은 달라요

 《피셔가 들려주는 추정 이야기》에 등장하는 피셔는 자료를 정확하게 분석하여 얻어진 통계를 처리하는 방법에 대한 연구로 아주 유명한 통계학자입니다. 그는 현대 통계학의 아버지라고 불립니다. 그의 설명을 통해 우리는 어렵지 않게 통계적 추정에서 모집단과 표본의 뜻을 알아보고 표본평균과 모평균의 관계를 이해할 수 있습니다. 그리고 모평균을 추정하는 방법에 대해서도 배울 수 있습니다. 실제 통계의 문제는 모집단으로부터 표본을 추출하고, 이 표본으로부터 얻은 통계량을 기초로 하여 모집단의 통계적 특성을 추정하는 경우가 주를 이룹니다. 다시 말하면 대부분의 경우 모집단에 대해서는 거의 알려져 있지 않고, 실제로 관찰이 가능한 것은 그 일부분인 표본뿐이므로 표본에 대한 지식을 얻기 위하여 불완전한 일부분의 표본에 대한 지식을 기초로 하여 모집단의 통계적 특성을 추측하고자 하는 것이 추정의 문제입니다. 이 책을 통해 고등학생들이 힘들어하지만, 앞으로 교육 과정에서 더욱 강화될 통계를 이해하는 데 많은 도움이 될 것입니다.

2 이런 점이 좋아요

① 이 책은 고등학생들이 힘들어하고 이해하기 어려워하는 통계적 추정에 대해 재미난 이야기와 설명으로 이해를 도왔습니다.

② 피셔라는 통계학자가 등장하여 학교 선생님처럼 자상하게 통계적 추정을 설명해 주는 이야기 구조로 이루어져 있습니다.

③ 이 책은 관심이 있는 모든 사람을 위해 용어 설명을 아주 자세하게 다루었습니다. 모두에게 읽힐 수 있도록 용어나 단어의 선정에 각별히 신경을 썼습니다.

④ 수학은 재미없다는 편견을 깨기 위해 재미난 이야기로 구성하여 수학의 흥미를 높이도록 만들어져 있습니다.

3 교과 연계표

학년	단원(영역)	관련된 수업 주제 (관련된 교과 내용 또는 소단원명)
고 2~3(확률과 통계)	통계	확률분포, 통계적 추정

4 수업 소개

1교시 추정

추정의 의미를 알아봅니다.

오성과 한음에 대한 옛이야기로 추정의 의미를 알아봅니다.

- 선행 학습
- 표본 : 표본을 통하여 전체를 유추하게 됩니다. 사회 조사에 있어 원칙적으로는 조사 대상 전체를 조사하는 것이 이상적이지만, 전수조사는 너무 방대하여 노력·시간·경비 등이 많이 소요됩니다. 또한 사실이란 매우 빨리 변화하므로, 노력·시간 및 비용 등의 면에서 볼 때 전수조사 방법의 일상적 사용에는 현실적으로 난점이 있습니다. 따라서 사회 조사의 경우 흔히 조사 대상이 되는 사회 현상의 전체적 특성을, 그 전체로부터 추출된 부분, 즉 표본을 관찰·파악함으로써 유추하게 됩니다.
- 평균 : 일상생활에서 평균이라고 부르는 것으로 산술평균, 표본평균, 확률변수의 기댓값, 모평균이라고도 합니다.
- 표준편차 : 표준편차가 작을수록 평균값에서 변량들의 거리가 가깝

습니다. 통계학과 확률에서 주로 확률의 분포, 확률변수 혹은 측정된 인구나 중복 집합을 나타냅니다. 표준편차는 보통 기호 S나 σ로 나타냅니다.

- **학습 방법**
- 대상의 숫자가 너무 많은 경우나 다 조사하기 곤란한 경우, 여러 경우에서 불가피하게 소수의 대상을 통하여 전체에 대한 정보를 알기 위해 추정합니다.
- 전체를 다 조사하는 전수조사도 있지만 일부를 이용하는 표본조사도 있습니다.

2교시 모집단과 표본

모집단에 대해서 알아봅니다.
표본의 의미를 되새겨 봅니다.

- **선행 학습**
- 자연 현상 : 자연계에서 스스로 일어나는 모든 사물의 현상을 말합니다. 과거부터 현재까지 변함없이 일어나며, 그 변화는 반복하여 일어나기도 합니다.
- 사회 현상 : 경제, 도덕, 법률, 예술, 종교 따위와 같이 인간의 사회생활에 의하여 생기는 모든 현상을 통틀어 이르는 말입니다.
- 통계 조사 : 사회 현상을 수량적으로 파악하여 통계를 만드는 과정을 말합니다.

- 부분집합 : 부분집합은 어떤 집합의 일부분이 되는 집합을 말합니다. 즉, 어떤 집합 A의 원소가 다른 집합 B에 모두 포함될 경우 집합 A는 집합 B의 부분집합이 됩니다.
- 원소 : 집합을 이루고 있는 개개의 대상으로 a가 집합 M의 원소일 때 a는 집합 M에 속한다고 하며, 기호로 $a \in M$ 또는 $M \ni a$와 같이 나타냅니다.
- 편견 : 공정하지 못하고 한쪽으로 치우친 생각을 말합니다.

• 학습 방법

- 전수조사에는 많은 시간과 비용이 들기 때문에, 대상에 따라서는 전수조사를 할 수 없는 경우도 있습니다. 그래서 전체에 대한 특징을 추측하는 방법을 사용하기도 합니다. 이와 같은 조사를 표본조사라고 합니다.
- 표본조사의 목적은 표본에서 얻은 정보를 가지고 모집단의 성질을 추측하는 데 있습니다. 따라서 모집단의 성질이 잘 반영되도록 표본을 추출해야 합니다. 이를 위해서는 표본이 모집단의 어느 한 부분에 치우치지 않게끔 하여야 합니다.
- 임의추출이라 함은 무작위 추출을 말하는 것입니다. 한편, 임의추출로 자료를 추출할 때, 한 번 뽑은 것을 다시 넣고 또 뽑는 것을 복원추출이라고 하고 뽑은 것을 다시 넣지 않고 뽑는 방법을 비복원추출이라고 합니다.

3교시 표본평균의 분포

표본평균의 분포에 대해 알아봅니다.

표본평균과 표본표준편차에 대해서 알아봅니다.

- 선행 학습

  - 확률변수 : 확률론에서 확률변수는 확률분포에 의해 임의의 값을 갖는 양입니다.

  - 시그마 : 시그마는 $\Sigma, \sigma, \varsigma$ 그리스어:$\sigma\iota\gamma\mu\alpha$ 로 표기하며 18번째 그리스 문자입니다. 그리스 숫자로는 200을 뜻합니다.

  - 곱의 법칙 : 사건 A, B가 있고, 사건 A가 일어날 경우의 수가 m 가지이고, 그 각 경우에 사건 B가 일어날 경우의 수가 n 가지일 때, 두 사건 A, B가 잇달아 일어나는 경우의 수는 $m \times n$ 가지가 된다는 법칙입니다.

  - 확률분포 : 하나의 확률변수에 대하여 가능한 모든 확률을 대응해 주는 관계를 말합니다.

  - 확률 : 확률은 어떤 사건이 일어날 가능성을 말합니다. 이를 수치로는 0과 1 사이의 실수로 나타낼 수 있는데, 이때 결코 일어나지 않을 사건의 확률은 0, 확실히 일어날 사건의 확률은 1이 됩니다.

  - 분산 : 확률론과 통계학에서 어떤 확률변수의 분산은 그 확률변수가 기댓값으로부터 얼마나 떨어진 곳에 분포하는지를 가늠하는 숫자입니다. 기댓값은 확률변수의 위치를 나타내고 분산은 그것이 얼마나 넓게 퍼져 있는지를 나타냅니다. 분산보다는 분산의 제곱근인 표준

편차를 더 자주 사용합니다.

- **학습 방법**
- 모평균을 기호로는 m, 모분산을 σ^2시그마 제곱, 모표준편차를 σ시그마 라고 합니다. 그런데 모집단에서 뽑아낸 표본의 평균, 분산, 표준편차는 각각 표본평균, 표본분산, 표본표준편차라고 부릅니다.
- 모분산 σ^2은 $V(X)$입니다. 그래서 $V(X)$는 변량에다가 평균을 빼서 제곱한 것을 다 더해서 변량의 개수로 나누면 됩니다.
- 표본평균의 분산 $V(\overline{X})$는 표본평균으로 이루어진 자료 $\overline{X}_1, \overline{X}_2,$ ……의 분산입니다. 분산을 구하는 것은 $\overline{X}$의 확률분포표를 이용하면 쉽습니다. $\overline{X}$의 변량들을 제곱한 후, $P(\overline{X})$를 각각 곱해서 더합니다. 그 값에서 평균의 제곱을 빼면 됩니다.
- 모평균, 모분산이 각각 m, σ^2일 때, 표본평균 $\overline{X}$의 평균, 분산은 각각 $m, \dfrac{\sigma^2}{n}$입니다.

4교시 모평균의 추정

일상생활에서 모평균의 추정에 대해 알아봅니다.

추정에 관련된 용어를 정리해 봅니다.

- **선행 학습**
- 전수조사 : 대상이 되는 통계 집단의 단위를 하나하나 전부 조사하는 관찰 방법을 말합니다.≒전부 조사
- 표본조사 : 모집단의 일부를 표본으로 추출하여 조사한 결과로서 모

집단 전체의 성질을 추측하는 통계 조사 방법을 말합니다.
- 신뢰도 : 통계에서 어떠한 값이 알맞은 모평균이라고 믿을 수 있는 정도를 말합니다.
- 브릭스brix : 음식물에 들어 있는 단맛의 탄수화물 양(당도)을 그 음식물에 대하여 백분율로 나타낸 것을 말합니다.

• 학습 방법
- 모집단의 성질을 파악하기 위하여 전부를 조사하는 전수조사를 하여야 하지만, 시간과 비용 문제로 전수조사가 힘든 경우가 있습니다. 이때는 표본조사를 통하여 모집단의 특성을 추측할 수 있습니다.
- 어떤 추정이 적중할 확률을 그 추정의 신뢰도라고 합니다.
- 통계 조사
  ① 전수조사 : 인구 조사와 같이 조사의 대상으로 삼은 집단 전체를 빠짐없이 조사하는 것
  ② 표본조사 : 조사의 대상으로 삼은 집단의 일부만을 택하여 조사함으로써 전체를 추측하는 조사
- 모집단 : 통계 조사에서 대상이 되는 집단 전체를 말합니다.
- 표본 : 모집단 가운데 조사하기 위하여 뽑은 자료를 표본이라 하고, 표본에 포함되는 자료의 개수를 표본의 크기라고 합니다.
- 추출 : 모집단에서 표본을 뽑는 것을 말합니다.
  ① 복원추출 : 뽑은 것을 다시 넣으면서 뽑는 방법
  ② 비복원추출 : 뽑은 것을 다시 넣지 않고 다음 표본을 뽑거나 동

시에 뽑는 방법
- 임의추출 : 모집단에서 표본을 추출할 때, 특정한 것을 택하지 않고 아무 생각 없이 같은 확률로 우연히 뽑는 방법을 말합니다.

5교시 신뢰도와 오차

정규분포와 표본정규분포의 성질을 이용하여 추정 방법을 알아봅니다.
신뢰도와 오차에 대해 알아봅니다.

- 선행 학습
- 신뢰구간 : 확률함수에서 모집단의 대푯값이 들어 있을 수 있는 확률값의 범위를 말합니다.
- 정규분포 : 도수분포곡선이 평균값을 중앙으로 하여 좌우 대칭으로 종 모양을 이루는 분포를 말합니다.
- 모평균 : 모집단의 평균값을 말합니다.
- 신뢰도 : 통계에서 어떠한 값이 알맞은 모평균이라고 믿을 수 있는 정도를 말합니다.
- 이항분포 : 어떤 시행에서 사건이 일어날 확률을 p, 일어나지 않을 확률을 q라고 할 때, 확률변수에 대응하는 각각의 확률이 $(p+q)^n$의 전개식의 각 항으로 되어 있는 확률분포를 말합니다.

- 학습 방법
- 평균 m이 취하는 범위가 $\overline{X} - 1.96 \cdot \frac{\sigma}{\sqrt{n}} \leq m \leq \overline{X} + 1.96 \cdot \frac{\sigma}{\sqrt{n}}$일때, 신뢰도가 95%임이 알려져 있습니다.

- 모집단의 분포가 정규분포 $N(m, \sigma^2)$을 따를 때, 모평균 m은 다음과 같은 범위에 있습니다. 단, $\overline{X}$는 표본평균, n은 표본의 크기, σ는 모표준편차 또는 표본표준편차입니다.

  ① 신뢰도 95%일 때 : $\overline{X} - 1.96 \cdot \dfrac{\sigma}{\sqrt{n}} \leq m \leq \overline{X} + 1.96 \cdot \dfrac{\sigma}{\sqrt{n}}$

  ② 신뢰도 99%일 때 : $\overline{X} - 2.58 \cdot \dfrac{\sigma}{\sqrt{n}} \leq m \leq \overline{X} + 2.58 \cdot \dfrac{\sigma}{\sqrt{n}}$

  위 식에서 모집단이 정규분포를 따르지 않는다고 해도 모집단의 크기가 충분히 클 때는 위의 추정 공식은 성립하는 것으로 볼 수 있습니다.

- 신뢰구간의 길이에 대하여 모표준편차가 σ인 모집단에서 n개의 표본을 추출하여 모평균을 추정할 때, 신뢰구간의 길이는 다음과 같습니다.

  ① 신뢰도 95%일 때 : $2 \times 1.96 \times \dfrac{\sigma}{\sqrt{n}}$

  ② 신뢰도 99%일 때 : $2 \times 2.58 \times \dfrac{\sigma}{\sqrt{n}}$

- 중심극한정리란?

  확률변수 제n항까지의 합의 분포가 $n \rightarrow \infty$일 때 정규분포에 가까워지는 것을 보이는 정리를 중심극한정리라고 합니다. 정규분포란 도수분포곡선이 평균값을 중앙으로 하여 좌우 대칭인 종 모양을 이루는 것을 말합니다. 중심극한정리로서 가장 기초적인 것은 이항분포의 정규 조사에 관한 라플라스의 정리입니다.

6교시 추정과 연관된 간단한 문제

추출에 대한 문제를 알아봅니다.

평균, 분산, 표준편차에 대해 알아봅니다.

신뢰구간에 대한 문제를 풀어 봅니다.

- 선행 학습
- 복원추출 : 추출하였던 것을 제자리에 돌려놓고 다음 것을 추출하는 방법을 말합니다.
- 비복원추출 : 추출한 것을 제자리에 되돌리지 않고, 다음 표본을 추출하는 일을 말합니다.
- 루트 $\sqrt{}$: 거듭제곱근
- 좌우 대칭 : 어떤 물체의 중앙을 중심으로 하여 세로로 나누었을 때에 그 좌우 절반이 서로 똑같은 모양을 말합니다.
- 등호 : 두 식 또는 두 수가 같음을 나타내는 부호 '='를 이르는 말입니다.

- 학습 방법
- 모평균 m, 모분산 σ^2인 모집단에서 크기가 n인 표본을 복원추출할 때, 표본평균 $\overline{X}$에 대하여 $E(\overline{X})=m$, $V(\overline{X})=\dfrac{\sigma^2}{n}$, $\sigma(\overline{X})=\dfrac{\sigma}{\sqrt{n}}$의 관계를 가집니다.
- 정규분포는 프랑스 출신의 영국 수학자인 드무아브르가 처음으로 발견했고, 그 후 독일의 수학자인 가우스가 물리학과 천문학 등에 폭

넓게 응용하였습니다.

7교시 일상생활에서 적용되는 추정 이야기

일상생활에 적용된 추정에 대해 알아봅니다.

컴퓨터를 이용한 표본평균과 모평균의 추정을 알아봅니다.

- **선행 학습**
- 기상 이변 : 보통 지난 30년간의 기상과 아주 다른 기상 현상을 말합니다.
- 선호도 : 좋아하는 정도를 말합니다.
- **학습 방법**
- 모집단의 평균, 분산 등을 알지 못할 때, 표본을 추출하여 그 범위를 추정하는 것을 구간추정이라고 합니다. 또한, 어떤 추정이 적중할 확률을 그 추정의 신뢰도라고 합니다.

피셔를 소개합니다

Ronald Aylmer Fisher(1890~1962)

　로섬스테드 농사 시험장의 통계 연구실장으로 연구에 몰두하면서 소표본에 관한 이론을 세워 종래의 수리통계학數理統計學을 개혁한 나는 그것을 추계학推計學이라는 새로운 학문으로 발전시키고 실험계획법을 확립하였습니다.

　모집단母集團과 소표본小標本을 구별, 확률론적 관계를 이해함으로써 어느 정도로 표본을 크게 잡으면 어느 정도의 정밀성을 얻을 수 있다는 방법적 이론을 제시하였습니다.

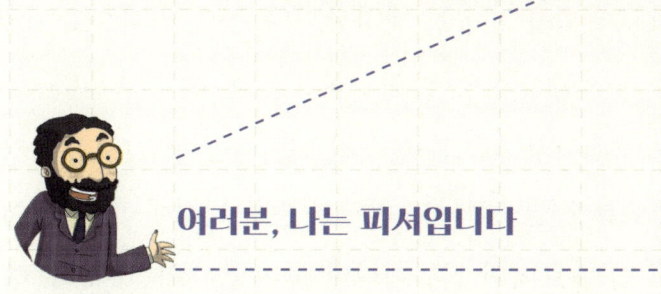

여러분, 나는 피셔입니다

때는 1919년 6월의 어느 날, 들판에서 모를 심고 있는 농부가 보입니다. 하늘에는 구름이 떠 있고 참새들이 허공을 가르며 숲으로 숨어 버립니다. 어떤 소년 하나가 농부에게 달려오며 소리를 지릅니다.

"할아버지, 저 중간고사 시험 다 쳤어요. 평균 좀 내 주세요."

손주의 시험 점수를 계산해 주는 농부의 이름은 피셔입니다. 그는 손주의 시험 평균을 눈 깜짝할 사이에 구할 수 있습니다. 그의 이름은 바로 로널드 에일머 피셔.

나는 영국의 농학자이자 통계학자입니다. 나는 케임브리지 대학교를 졸업한 후 런던 교외에 있는 로섬스테드 농사 시험 통계 연구실에서 일하고 있습니다. 나의 지금 모습을 보면 마을 이장님이랑 막걸리 한 사발 마시는 농부 같지만 나도 엄연히 통계학을 전공한 학자랍니다. 주요 업적으로는 로섬스테드 농사 시험장의 통계 연구실장을 들 수 있습니다. 그곳에서 나는 모집단과 소표본을 구별하는 일을 했습니다. 내가 모집단과 소표본을 연구한다고 하니까 손주 녀석이 '모집단'이라면 논에서 심는 모내기 집단이냐며 물어 옵니다. 하하하. 하지만 여기서 말하는 모는 나중에 자라서 벼가 되는 모를 말하는 것이 아니라 한자로 어미 모母 자를 쓰는 모집단母集團입니다. 통계 조사의 대상인 자료 전체의 집합을 모집단이라고 합니다. 그리고 소표본이란 소들의 표본이 아니라 작을소小 자를 써 작은 표본을 말합니다.

  나는 확률적 관계를 이용하여 어느 정도로 표본을 크게 잡으면 어느 정도의 정밀성을 얻을 수 있다는 소표본에 관한 이론을 세워 종래의 수리통계학을 개혁하고 그것을 추계학이라는 새로운 학문으로 발전시켜 나갔습니다. 예전에는 자료를 많이 수집할수록 통계적 추측이 정확하다고 보았습니다. 그런 통계학을 기술통계학이라고 합니다. 하지만 나는 농업 시험장에서의 경험을 바탕으로 많은 자료를 수집한다는 것이 현실적으로는 어렵다는 것을 알게 되었습니다. 그래서 나는 조사 대상인 모집단과 실제로 조사하게 되는 표본과의 관계를 알아내어 새로운 통계학인 '추측통계학'이라는 이론을 만들었습니다.

우리 주변의 복잡한 자료를 분류·정리하고 경향을 파악하여 그것을 바탕으로 전체를 추측하는 일은 미래의 계획을 세우는 데 매우 중요한 일입니다.

나는 이런 실험 하기를 좋아했습니다. 가령 한 사람이 차를 마시는데 '차에 우유를 타서 마시는 것이 좋을까, 아니면 우유에 차를 타서 마시는 것이 더 좋을까.' 하는 실험 말입니다. 물론 결과는 중요하지 않았습니다. 단지 나는 이런 것조차 통계학적으로 실험하고 싶었을 뿐입니다. 에디슨이 알을 품는 것처럼 나에게 매우 호기심을 자극하는 문제였으니까 말입니다.

내가 로섬스테드 농사 시험장 통계 연구실에 있을 때 일입니다. 연구소는 90년 넘게 여러 종류의 인공 비료가 곡식 수확량에 미치는 영향을 연구해 왔으며, 그 연구의 결과를 자료로 정리해 두고 있었습니다. 나도 그 자료를 훑어보았지만 정말 뒤죽박죽이었습니다. 그 연구 자료는 변수를 인공 비료와 수확량만을 두고 연구를 했던 것이었습니다. 하지만 수확량에 결정적으로 영향을 미치는 요인은 인공 비료의 투입이 아니라 강수량이었습니다. 그러므로 나는 한 해의 수확량은 그해의 기후 조건에 영향을 받는다는 것을 알게 되었습니다.

그때 나는 실험 결과를 예측할 수 있게 해 주는 수학 모델을 만들어 냈습니다. 내가 사용한 수학 모델은 여러 가지 요인을 변수로 둘 수 있는 수학 방정식을 이용하는 것이었습니다. 나는 그것을 실험 설계라고 이름 붙였는데 그것은 주위를 놀라게 했고 90년간 의견이 많았던 로섬스테드 농사 시험장의 논쟁을 잠재웠습니다. 나는 기존의 방법을 완전히 탈피한 다른 시각으로 문제에 접근했던 것입니다.

어릴 적 나는 몸이 너무 허약했답니다. 지나가는 감기를 그냥 보내지 않을 정도였습니다. 또한 지독한 근시라서 멀리 있는 것을 잘 볼 수도 없었습니다. 그 때문에 나는 가까이 있는 것만 잘 볼 수 있었고, 자연스레 책 읽는 것을 무척 좋아하게 되었습니다. 책 읽기를 매우 좋아했던 나에게 의사 선생님은 밤에 전등 아래서 책 읽는 것을 삼가라고 경고하기까지 했습니다. 하지만 그런 경고를 들은 이후로도 나는 수학과 천문학에 관한 많은 책을 읽었습니다. 나는 시력이 나쁜 단점을 극복하기 위해 수학적 상상력과 암산하는 능력을 키우게 되었습니다. 하나가 막히면 또 하나의 길이 열린다는 말이 있습니다.

나는 대학생 신분으로 첫 논문을 학술지에 발표했습니다. 그때의 기쁨은 말할 수 없을 정도였답니다. 나는 군대에 가서 애국심을 발휘하려고 했지만 낮은 시력으로 인해 군대는 면제를 받고 대신 고등학교에서 수학을 가르쳤습니다. 하지만 그 생활도 오래가진 못했습니다. 나는 곧 수학을 공부하고 연구하는 것에 집중하기 시작했습니다. 이후로 나는 평생을 통계학을 연구하며 행복하게 지냈습니다.

그리고 21세기인 현재 나는 여러분을 가르치는 데 다시 도전하기로 했습니다. 내 짧은 교사 생활을 보완하기 위해 수업을 도와줄 또 다른 한 친구를 소개해 주도록 하겠습니다. 농사가 천직이라 믿고 살아온 신토불이 총각, 신돌쇠입니다. 돌쇠 군, 인사하세요.

"안녕하세요. 이번 가을에 추수를 마치고 결혼할 41세 된 신돌쇠라고 합니다. 신혼여행을 떠나기 전까지 피셔 선생님을 도와 추정을 공부해 나갈 것입니다. 잘 부탁드립니다."

그렇습니다. 다음 수업부터 돌쇠와 우리는 추정에 대해 배워 나가도록 할 것입니다. 돌쇠는 항상 나를 보고 이런 이야기를 합니다. 모내기할 때는 모를 100번 심고 허리 한번 펴셔. 선생님 허리 펴셔 꼭 허리 펴셔. 이런 농담을 하니까 아직 장가를 못 갔나 봅니다. 참고로 나는 그런 농담을 못 해서인지 어린 나이에 일찍 장가를 갔답니다.

자, 그럼 지금부터 본격적인 수업을 시작해 봅시다.

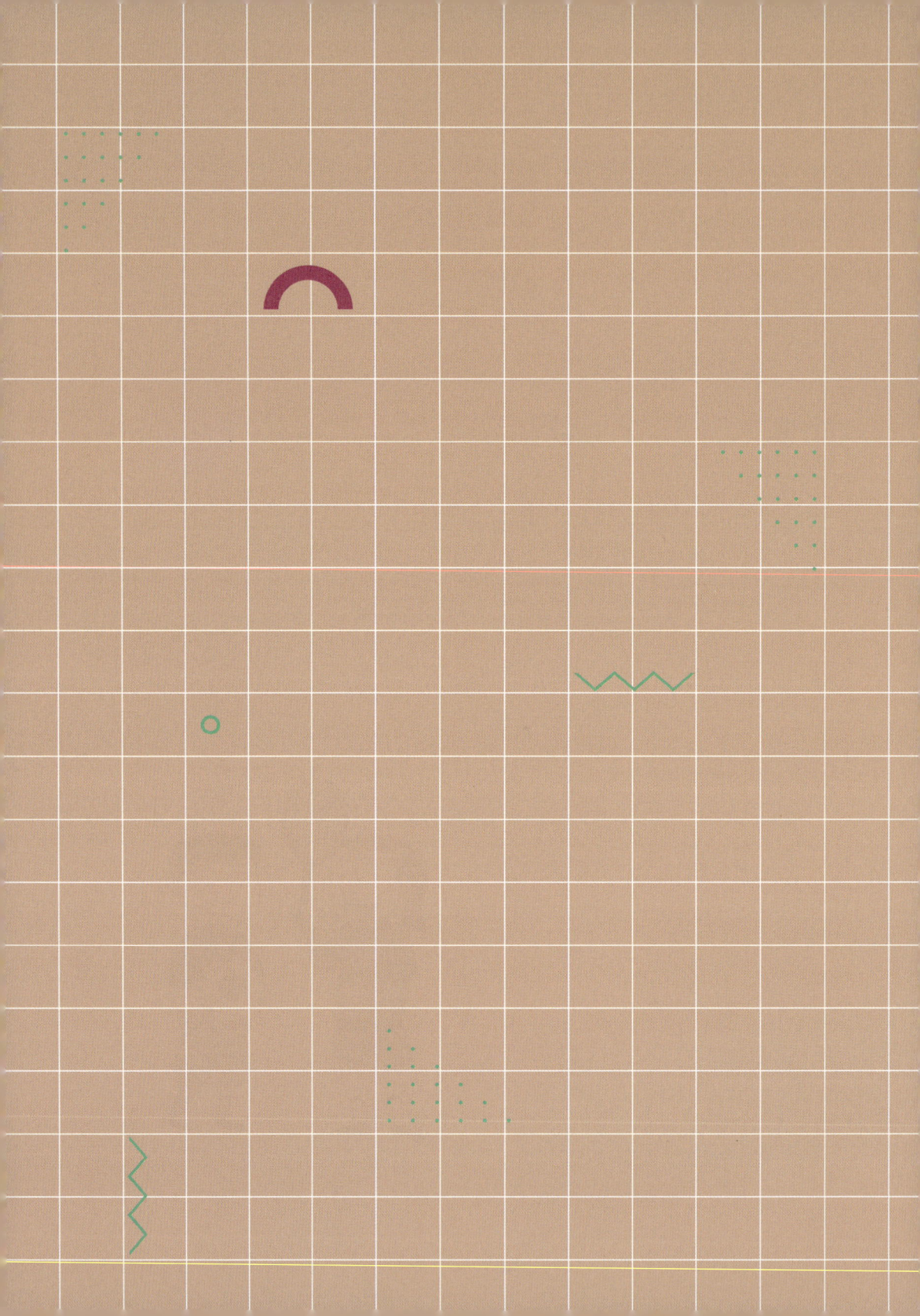

추정

1교시

오성과 한음 이야기를 통해
추정의 개념을 알아봅니다.

수업 목표

옛이야기 오성과 한음을 통해 추정의 의미를 알아봅니다.

미리 알면 좋아요

1. **표본** 표본을 통하여 전체를 유추하게 됩니다. 사회 조사는 원칙적으로 조사 대상 전체를 조사하는 것이 이상적이지만, 전수조사는 너무 방대하여 노력·시간·경비 등이 많이 소요됩니다. 또한 사실이란 매우 빨리 변화하므로, 노력·시간 및 비용 등의 면에서 볼 때 전수조사 방법의 일상적 사용에는 현실적으로 난점이 있습니다. 따라서 사회 조사의 경우 흔히 조사 대상이 되는 사회 현상의 전체적 특성을, 그 전체로부터 추출된 부분, 즉 표본을 관찰·파악함으로써 유추하게 됩니다.

2. **평균** 일상생활에서 평균이라고 부르는 것으로 산술평균, 표본평균, 확률변수의 기댓값, 모평균이라고도 합니다.

3. **표준편차** 표준편차가 작을수록 평균값에서 변량들의 거리가 가깝습니다. 통계학과 확률에서 주로 확률의 분포, 확률변수 혹은 측정된 인구나 중복 집합을 나타냅니다. 표준편차는 보통 기호 S나 σ로 나타냅니다.

피셔의 첫 번째 수업

　나는 좌선을 하고 앉아 마음을 가다듬고 있습니다. 붓을 들어 먹에 적신 후 1회 심호흡합니다. 그 후 화선지 위에 추정이라는 글자를 씁니다. 그러자 옆에 있던 돌쇠가 추석이라며 내가 쓴 글을 읽습니다. 나는 버럭 화를 내며 어떻게 자기 나라 글도 제대로 못 읽느냐며 돌쇠를 나무랍니다. 내가 쓴 글자는 추정입니다.

　추정이란 표본에서 얻은 정보를 이용해 모집단의 어떤 미지의 값을 추측하는 과정을 말합니다. 그리고 모집단의 어떤 미지의 값을 모수라고 합니다. 모수의 예로는 모집단의 평균, 표준편차가 있습니다. 이 말은 앞으로 차차 배우게 될 것입니다. 하지만 돌쇠는 다시 한숨을 푹푹 내쉽니다. 우리 돌쇠는 이해가 되지 않으면 한숨을 쉬는 버릇이 있습니다. 이런 버릇을 가진 사람이 제법 있습니다. 돌쇠를 위해 다시 설명하겠습니다.

모평균과 같이 모집단의 분포에 관계되는 어떤 값이 알려져 있지 않을 때, 그 값을 표본으로부터 추측하는 방법을 추정이라고 합니다. 돌쇠가 또 한 번의 한숨을 내쉽니다. 아, 이 내용도 돌쇠에게는 어렵나 봅니다. 그래서 나는 차라리 독일 속담 하나를 예로 들어 추정에 빗대어 보겠습니다. "최고의 목수는 나무토막을 최소로 사용한다." 통계를 좀 한다는 사람이 이 말을 들었다면 곧 말뜻을 이해할 것입니다. 하지만 역시 우리 돌쇠는 마치 풀코스 마라톤을 뛴 것처럼 연거푸 한숨을 쉬어 댑니다. 자, 다시 돌쇠를 이해시키기 위해 설명을 해 보도록 하겠습니다.

본래 통계는 관련된 대상 전체를 조사하는 것이 원칙입니다. 그러나 대상의 숫자가 너무 많은 경우나 다 조사하기 곤란한 경우, 여러 경우에서 불가피하게 소수의 대상을 통하여 전체에 대한 정보를 알기 위해 사용합니다. 돌쇠, 이번에는 조금이나마 이해되는지 짧게 한 번 한숨을 쉽니다.

 농부인 돌쇠를 위해 벼를 가지고 예를 들어 다시 설명합니다. 돌쇠가 힘들게 벼농사를 했습니다. 그리고 그것을 추수하여 농협에 가지고 가 벼의 등급을 판정받았습니다. 그런데 돌쇠가 추수한 벼의 품질을 검사하기 위해서 미곡 검사 기구_{동그랗게 벼를 빼는 기구}를 가지고 몇 개만을 추출하여 돌쇠가 수확한 벼가 몇 등급인지를 판단하는 것을 추정이라고 보면 됩니다. 돌쇠의 벼를 전부 검사하지 않고 일부 몇 알만을 가지고 전체를 추측하는 것을 추정이라고 보면 된다는 얘깁니다.

 돌쇠는 드디어 추정에 대해 이해가 되었는지 '꺼억~' 하고 트림을 합니다. 점심때 뭘 먹었는지 냄새가 엄청 독합니다. 돌쇠의 냄새가 다 빠질 때까지만 설명을 잠시 쉬겠습니다.

　이제 겨우 냄새가 좀 가셨습니다. 그럼 다시 이야기를 계속해 나가겠습니다. 이제는 통계적 추정이 왜 필요한지에 대해 알아보겠습니다. 예를 들어, 어느 전등 생산 회사에서 생산되는 전등의 평균수명을 알아보기 위해 모든 전등을 다 조사한다고 할 때, 그 회사는 어떻게 해야 될까요? 만약 실제로 모든 전등을 대상으로 사용 수명을 조사한다면 그 회사는 소비자에게 판매할 전등이 다 사라지게 될 것입니다. 왜냐면 이미 실험에서 모두 사용해 버렸기 때문입니다. 그렇다고 제품에 대한 품질 조사를 전혀 안 할 수도 없는 노릇이기도 합니다. 바로 이때, 샘플을 조사하여 통계적 추정을 사용할 수 있습니다. 전체를 다 조사하지 않고도 전체에 대하여 알아볼 수 있는 방법인 추정 말입니다.

자, 이제 돌쇠가 눈으로 직접 확인해 볼 수 있게 가르쳐 줄 시간입니다. 나는 옆에 있던 쌀가마로 다가갔습니다. 그리고 그 쌀가마를 통째로 바닥에 쏟아부었습니다. 돌쇠는 놀란 토끼눈으로 나를 쳐다봅니다. 곰 얼굴에 토끼 눈이라, 볼만합니다. 나는 돌쇠에게 한 가마니를 다 조사하지 않고도 쌀의 개수를 알아낼 수 있는 방법을 말해 보라고 합니다. 그러자 책과 친하지 않은 돌쇠도 옛날이야기인 〈콩쥐팥쥐〉 이야기를 들어 본 적이 있기 때문에 그 이야기 속 계모가 콩쥐에게 이런 비슷한 일을 시켰다는 것을 알고 있습니다. 그런데 이야기 속에서는 누군가가 콩쥐를 도와줬습니다. 그래서 돌쇠도 나에게 힌트를 달라고 떼를 씁니다. 나는 마지못해 다음과 같이 4개의 보기를 줍니다.

보기

① 추석　　② 추억　　③ 추증　　④ 추정

돌쇠는 눈을 가늘게 뜨며 보기를 쓰윽 훑어봅니다. 추석은 엊그제 지났기에 아닌 것 같고, 추억은 농부로 살아온 그에게 너무 감상적인 이야기일 뿐입니다. 그렇다면 분명 답은 ③번과

④번 중에 하나일 것입니다. 정말 둘 중에 하나를 고르기란 힘듭니다. 확률은 50 대 50입니다. 제법 고민하던 돌쇠, ④는 죽을 사라서 재수 없다고 생각합니다. 그래서 돌쇠는 ③번을 답으로 정합니다. 여러분이 보기에는 정답이 맞는 것 같습니까?

하지만 돌쇠가 고른 답은 정답이 아닙니다. 정답은 ④번으로 추정이 맞습니다. 자 여기서 추정에 대한 정의를 다시 들려주겠습니다. '표본에서 얻은 정보를 이용하여 모집단의 평균, 표준편차 등을 추측하는 방법'을 추정이라고 했습니다.

여기 도움이 될 만한 옛날이야기가 있습니다.

공부는 안 하면서 만날 놀기만 하고 말썽만 피우던 한 아이가 있었습니다. 이를 지켜보던 아버지가 하루는 도저히 안 되겠다 싶어 아이를 불러 창고에 있는 쌀을 몽땅 세라고 하였습니다. 그것도 아버지가 밖에서 볼일을 다 보고 돌아오기 전까지 말입니다. 하지만 그 아이는 아버지의 말을 듣고도 자기 방에서 빈둥빈둥 놀기만 하였습니다. 그 모습을 지켜보며 안절부절못하던 아이의 어머니는 아이에게 조금 있으면 아버지가 돌아오실 거라며, 부지런히 세도 다 못 셀 것을 이렇게 놀고만 있어서 되겠느냐고 염려하였습니다. 그러자 그 아이는 "어머니, 아무 걱정 마세요. 아버지가 오시기 전까지는 다 세어 놓겠습니다." 하면서 또 빈둥빈둥 노는 것이었습니다. 한참을 놀던 아이가 하인을 불러 창고에서 쌀 한 되를 퍼 오게 했습니다. 그러고는 한 되의 쌀알을 세기 시작했습니다. 느긋하게 쌀 한 되를 세고 나서 아이는 쌀 한 되의 무게를 재도록 하고 다시 하인들을 시켜 창고 안의 쌀 전체의 무게가 어떻게 되는지 알아보도록 하였습니다. 그러고는 다시 놀기 시작했습니다.

드디어 아버지가 돌아와 아이에게 창고 안의 쌀알이 모두 몇 개더냐고 묻자 아이는 거침없이 쌀알의 개수를 말하였습니다. 아버지가 어떻게 계산하였냐고 묻자 아이는 다음과 같이 대답했다고 합니다.

"일단 쌀 한 되를 퍼 와서 쌀알의 개수를 셉니다. 이게 바로 수학에서 말하는 표본추출에 해당됩니다. 그리고 그 표본을 가지고 창고 전체의 쌀알의 개수를 추정해 나가는 것입니다. 즉, 쌀 한 되의 무게를 재 보고 창고 안의 쌀 전체의 무게를 재 봐서 비례식을 이용하여 전체 쌀알의 개수를 추정해 나가는 것입니다. 표본에서 얻은 정보를 이용하여 모집단 창고 안의 전체 쌀알을 추측해 나가는 방법을 사용하였습니다."

 믿기지는 않지만 나는 이런 이야기를 어디선가 들어 본 적이 있습니다. 그래서 나는 추정이라는 방법을 동원하여 그 아이의 정체를 추정하기 시작했습니다. 일단은 표본이 될 만한 자료를 검색하기 시작했습니다. 나는 그 아이가 나중에 위인이 될 것이라는 것을 샘플링 하여 검색창에 위인이라는 말을 넣어 보았습니다. 하지만 임의추출 방법이 적절치 못했습니다. 그래서 다시 어릴 적 말썽꾸러기 위인이라고 쳐 보니 그 범위, 즉 표본조사 범위가 줄어들면서 정보가 나오기 시작합니다. 오성과 한음이라는 말이 나오기 시작합니다. 사람들은 이런 방법을 사용하는 나더러 역시 피셔다운 행동이라며 웃습니다.

 전체를 다 조사하는 전수조사도 있지만 일부를 이용하는 표본조사도 있습니다. 우리가 주제어를 가지고 표본조사를 하는 것이 시간을 절약하는 방법입니다. 여기에 대한 자세한 용어 정리는 다음 시간에 가르쳐 주겠습니다.

수업정리

❶ 대상의 수가 너무 많은 경우나 다 조사하기 곤란한 경우, 여러 경우에서 불가피하게 소수의 대상을 통하여 전체에 대한 정보를 알기 위해 추정을 사용합니다.

❷ 전체를 다 조사하는 전수조사도 있지만 일부를 이용하는 표본조사도 있습니다.

2교시

모집단과 표본

모집단과 표본의 개념을 알고,
전수조사와 표본조사의 의미를 파악합니다.

수업 목표

1. 모집단에 대하여 알아봅니다.
2. 표본의 의미를 되새겨 봅니다.

미리 알면 좋아요

1. **자연 현상** 자연계에서 스스로 일어나는 모든 사물의 현상을 말합니다. 과거부터 현재까지 변함없이 일어나며, 변화가 반복하여 일어나기도 합니다.

2. **사회 현상** 경제, 도덕, 법률, 예술, 종교 따위와 같이 인간의 사회생활에 의하여 생기는 모든 현상을 통틀어 이르는 말입니다.

3. **통계 조사** 사회 현상을 수량적으로 파악해 통계를 만드는 과정을 말합니다.

4. **부분집합** 부분집합은 어떤 집합의 일부분이 되는 집합을 말합니다. 즉, 어떤 집합 A의 원소가 다른 집합 B에 모두 포함될 경우 집합 A는 집합 B의 부분집합이 됩니다.

5. **원소** 집합을 이루고 있는 개개의 대상으로 a가 집합 M의 원소일 때, a는 집합 M에 속한다고 하며, 기호로 $a \in M$ 또는 $M \ni a$와 같이 나타냅니다.

6. **편견** 공정하지 못하고 한쪽으로 치우친 생각을 말합니다.

피셔의 두 번째 수업

앞 시간의 이야기에서 한음이 표본을 통해 모집단을 알아보는 모습을 보았습니다. 그럼 여기서 모집단과 표본에 대해 좀 더 자세히 알아보도록 하겠습니다.

표본이란 무엇인가? 자연 현상이나 사회 현상을 하나하나 따로 관찰할 때는 불규칙하게 보이지만 자료를 많이 수집해서 집단 전체를 관찰하면, 일정한 규칙이 있음을 알 수 있습니다. 사람들은 자신이 개성 있다고 생각하지만 그들의 행동과 패션을 보면 다른 개성 있는 사람과 별로 다르지 않습니다. 그들의 패션 역시 일정한 규칙을 가지고 있기 때문입니다. 이와 같이 어떤 것을 알아보는 행위를 통계 조사라고 합니다. 통계 조사에는 전수조사와 표본조사가 있습니다.

강남 지역의 가구당 교육비를 알고 싶을 때, 이 지역의 모든 가구를 방문하여 교육비를 조사하면 그 상태를 알 수 있습니다. 물론 강남 아파트에는 경비 아저씨가 철저히 통제하여 일반 지역보다는 훨씬 조사하기 힘들 것입니다. 아예 문전박대를 당할 수도 있고요. 어쨌거나 이같이 대상으로 삼은 집단 전체를 조사하는 것을 전수조사라고 합니다.

전수조사에는 많은 시간과 비용이 들기 때문에, 대상에 따라서 전수조사를 할 수 없는 경우도 있습니다. 그래서 전체에 대한 특징을 추측하는 방법을 사용하기도 합니다. 이 같은 경우를 표본조사라고 합니다.

그럼 전수조사와 표본조사의 보기를 들어 보겠습니다. 예를 들어, 몇 년마다 실시하는 인구·주택 조사는 전국의 모든 세대를 대상으로 하는 조사이므로 전수조사를 사용합니다. 그런데 중국 같은 경우는 인구 조사를 한다면 조사하는 사람은 무척 힘들 것입니다. 왜냐면 인구 조사를 하는 와중에서도 금방 인구가 늘어나 버리니 말입니다. 전수조사는 매우 힘든 조사 방법입니다.

한편, 어떤 공장에서 생산하는 전구의 수명이나 규격을 알아보는 조사는 표본조사입니다. 전구의 수명을 조사하는 것과 같이, 일일이 모든 대상을 조사하기에 제약이 많은 경우에 사용하는 조사 방법을 표본조사라고 합니다.

자, 그럼 이제는 다음 조사 중에서 적당한 조사 방법을 고르는 시간을 가져 보도록 하겠습니다.

① 하천의 수질 검사
② 스포츠 행사에 대한 국민들의 선호도 조사
③ 공장에서 실시하는 전구의 수명 검사
④ 자동차 충돌 안전 실험
⑤ 학교에서 실시하는 체격 검사

대상의 일부분을 선택하여 조사하는 것이 좋은지, 대상 전체를 조사하는 것이 좋은지 생각해 보고 답해 보도록 합니다. 멍하니 있지 말고 생각해 보세요. 생각해 보라는 말에 돌쇠는 한숨을 푹푹 쉽니다. 돌쇠의 한숨에 묻어 나오는 입냄새가 너무 심해 내가 대신 설명을 하기로 합니다.

①번 같은 경우는 표본조사입니다. 모집단은 하천 전체이고요. 표본은 선택된 물이 됩니다. ②번 같은 경우도 역시 표본조사를 사용합니다. 모집단은 국민 전체입니다. 그리고 표본은 선택된 사람들입니다. ③번도 표본조사입니다. 모집단은 공장

에서 생산된 전구 전체, 표본은 수명 검사를 한 전구가 될 것입니다. 전구의 수명을 조사할 때, 한 번 검사한 전구는 쓸 수 없으므로 표본조사를 하는 것이 좋습니다.

④번은 돌쇠가 직접 해 보겠다고 합니다.

"④번은 음, 전수조사입니다."

내가 돌쇠를 너무 믿었던 것일까요? 돌쇠 말대로 만약 생산한 차를 몽땅 다 충돌 실험을 한다면 그 자동차 회사는 곧 문을 닫게 될 것입니다. 찌그러진 차를 누가 사겠습니까? ④번 같은 경우는 표본조사를 해야 합니다. 모집단은 생산된 모든 차이고 표본은 선택된 몇 대의 차일 것입니다. 마지막으로 ⑤번 같은 경우는 학생 모두를 빠짐없이 조사해야 하므로 전수조사가 맞습니다.

이처럼 통계 조사는 목적에 따라 적당한 것을 택하여 알맞은 조사를 하여야 합니다. 우리는 통계 조사를 공부하면서 모집단과 표본이라는 용어를 접하게 되었습니다. 이제 이 용어에 대해 좀 더 자세히 알아보도록 하겠습니다.

앞에서도 배웠지만 전수조사의 대표적인 예로 인구 조사가 있습니다. 이처럼 전수조사는 일반적으로 표본조사에 비해 시간과 비용이 많이 듭니다. 돌쇠가 비용이라는 말에 자신의 호

주머니에서 동전을 꺼냅니다. 돈도 돈이지만 전수조사가 불가능한 경우도 있습니다. 그러므로 특별한 경우를 제외하고는 전수조사보다는 표본조사를 많이 하게 됩니다. 통계 조사에서 대상이 되는 집단 전체를 모집단이라고 하고, 또 표본조사를 하는 경우 조사하기 위하여 모집단에서 추출한 부분집합을 표본이라고 합니다. 한편, 모집단과 표본의 원소의 개수를 각각 모집단의 크기 및 표본의 크기라고 합니다.

일단 그림을 보며 다시 정리해 보도록 합시다. 돌쇠를 위해 다시 반복해서 설명해 주는 것입니다.

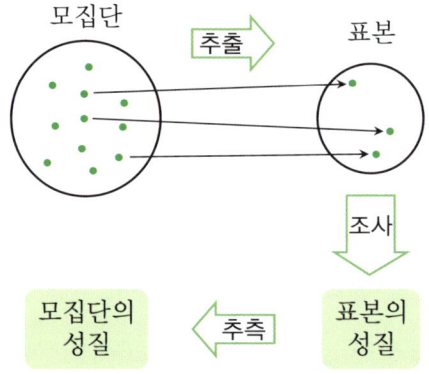

위 그림에서 보면 알 수 있듯이 자료의 전체를 모집단 그리고

그곳에서 뽑은 자료의 일부를 표본이라고 부릅니다. 아까 말했듯이 표본에 포함되는 자료의 개수를 표본의 크기라고 하며 표본을 뽑는 것을 추출 또는 샘플링이라고 합니다.

표본조사의 목적은 표본에서 얻은 정보를 가지고 모집단의 성질을 추측하는 데 있습니다. 따라서 모집단의 성질이 잘 반영되도록 표본을 추출해야 합니다. 이를 위해서는 표본이 모집단의 어느 한 부분에 치우치지 않게 잘 추출해야 합니다. 왜냐면 표본조사라는 것을 악용하여 자신에게 유리한 집단이나 개인들을 이용해 사실과 전혀 다른 통곗값을 산출해 내기도 하기 때문입니다. 예를 들어, 대통령 선거 때나 중요한 국가 정책을 실행하기 전에 실시하는 국민 조사의 경우, 혹은 우리가 좋아하는 가수가 소속된 소속사의 경우, 자신에게 좀 더 유리한 결과가 나올 수 있도록 선호도 조사에 있어 속임수를 쓰거나 옳지 않은 몇 가지 방법으로 투표를 조작하기도 합니다.

표본을 뽑는 행위는 아주 중요합니다. 잘못 뽑아서 혹은 의도적으로 조작하여 뽑는 경우를 방지하기 위해 우리는 공정하게 표본을 뽑는 것이 어떤 것인지 알아야 합니다. 표본을 뽑는다는 것은 임의추출을 뜻합니다. 어려운 용어가 등장했습니다. 용어를 쉽게 파악하겠습니다. 여기서 '임의'라는 말은 '일정한 기준이나 원칙 없이 하고 싶은 대로 함'이라는 뜻을 가지고 있습니다. 내가 볼 때 이 말은 임의추출에 대입하여 말하면 부정이 들어갈 수도 있음을 말하는 것 같기도 합니다. 하지만 여기서 말하는 임의추출이라는 말의 뜻은 개인의 의도가 들어가지 않은, 순수하게 뽑는 방법을 말합니다. 순전히 내 의견입니다만, 그 말에 돌쇠가 한마디 합니다.

"선생님, 한마디로 안 보고 뽑는 방법이 임의추출이라고 할 수 있겠네요."

임의추출은 추출하는 사람의 개인적 취향, 편견, 선입견 등이 들어가서는 안 된다는 말입니다. 임의추출은 마음대로 뽑는다는 말이지만 마음대로 뽑아서는 안 된다는 얘기이기도 합니다. 왜냐면 아무리 마음대로 뽑는다고 하더라도 그 마음에는 공정함이 있어야 하기 때문입니다.

임의추출 하는 방법에는 크게 5가지를 들 수 있습니다.

(1) **제비뽑기에 의한 임의추출법**

학생 수가 40명인 반에서 5명의 표본을 임의추출 하기 위하여 40장의 종이에 1에서 40까지의 번호를 적은 제비를 주머니에 넣습니다. 이 제비를 잘 섞은 다음, 임의로 5장을 추출하고, 추출된 제비에 해당하는 번호를 가진 학생을 표본으로 택하면 이것은 임의추출법에 의하여 추출된 것입니다.

(2) 난수 주사위에 의한 임의추출

난수 주사위는 정이십면체의 각 면에 0에서 9까지의 숫자를 두 번씩 새긴 것입니다. 난수 주사위는 표본을 임의추출 할 때 쓰입니다. 이를테면, 300명 중에서 5명을 임의추출 하는 방법은 다음과 같습니다.

① 모집단의 각 원소에 000에서 299까지의 번호를 붙인다.

② 서로 다른 색의 난수주사위 3개, 이를테면 빨간색을 100의 자리, 흰색을 10의 자리, 파란색을 1의 자리로 정하여 동시에 던지면 000에서 999까지의 수를 얻을 수 있다.

③ 299 이하의 번호를 가진 다섯 사람을 순서대로 표본으로 택한다.

(3) 난수표에 의한 임의추출

이때, 잠잠히 옆에 있던 돌쇠가 "난 수표보다는 현찰이 좋은데……." 하면서 이상한 소리를 합니다. 난수표는 0에서 9까지의 숫자를 임의로 배열한 표입니다.

41	10	50	81	22
13	49	57	94	72
33	87	89	24	77
15	91	02	97	10
37	94	89	58	24

94	80	71	10	68
78	92	78	78	04
65	37	12	38	63
37	14	47	47	79
29	22	39	42	66

23	58	20	21	88
17	00	92	85	09
76	49	69	52	36
81	63	34	22	84
95	14	63	40	46

71	29	54	42	84
52	78	15	96	97
11	03	58	23	39
89	77	54	40	37
93	99	89	97	80

48	06	32	88	07
92	65	65	69	32
48	66	49	80	78
23	50	07	82	24
47	02	38	86	81

06	19	13	11	04
05	63	75	76	57
34	30	47	61	73
34	88	84	90	39
59	77	46	17	55

45	95	73	13	19
26	10	31	31	33
44	31	65	38	69
20	46	32	85	66
54	59	00	99	03

11	39	24	24	05
77	83	07	31	14
89	46	83	54	40
22	13	24	41	02
16	34	25	39	50

39	65	34	38	46
90	36	99	74	53
46	60	38	92	08
62	67	74	04	84
21	17	44	02	71

26	95	15	80	70
71	05	53	69	01
09	15	06	33	02
75	68	64	11	42
21	59	79	73	18

40	06	89	76	54
49	59	53	06	18
13	60	78	83	82
22	88	64	73	77
24	74	77	48	02

89	61	27	75	66
52	03	18	40	26
17	16	30	55	71
28	54	94	71	69
32	62	21	14	53

26	28	51	07	60
42	52	33	74	19
01	75	61	32	64
40	43	01	08	73
27	45	34	33	89

06	70	82	54	15
92	15	67	44	50
82	26	07	52	58
95	03	72	60	57
67	15	09	44	52

47	32	68	27	57
18	71	98	10	65
20	62	50	46	31
11	01	09	16	29
97	29	56	42	65

25	93	3	46	17
85	25	63	55	29
25	96	08	42	07
01	43	35	12	89
86	53	36	40	06

70	14	67	62	53
08	19	27	74	15
35	49	10	30	07
52	15	45	85	55
47	08	84	16	05

35	13	44	94	15
08	70	74	65	24
77	96	85	15	91
73	68	49	91	91
08	28	75	64	30

40	73	62	93	59
48	86	89	31	25
44	39	40	04	22
93	09	46	39	60
96	01	45	66	88

85	82	75	98	57
93	37	34	82	89
43	98	84	41	37
04	51	98	28	27
19	99	94	90	85

그럼 앞의 난수표를 이용하여 50명 중에서 5명을 임의추출하는 방법을 알아보겠습니다.

① 모집단의 각 원소에 00에서 49까지의 번호를 붙인다.
② 제비뽑기나 난수주사위를 사용하여 난수표의 시작하는 행, 열을 정한다. 이를테면, 이들이 14행 6열일 때, 14행을 따로 쓰면 다음과 같다.

   62, 67, 74, 04, 84, 75, 68, 64, 11, 42, 22, 88, 64 ……

③ 이 행의 6번째 숫자부터 오른쪽으로 2개씩 숫자를 택하고, 그것이 나타내는 두 자리 숫자 중에서 50 이상인 것을 지우면 다음과 같다.

   40, 48, 47, 5̸6̸, 8̸6̸, 41, 14, 22, 28, 8̸6̸, ……

④ 이와 같은 방법으로 얻은 수 중에서 처음 5개의 수 40, 48, 47, 41, 14를 번호로 하는 사람을 표본으로 택한다.

(4) 계산기에 의한 임의추출

핸드폰에 계산 기능이 생기고 참 오래간만에 계산기를 봅니다. 직사각형의 대표 주자 계산기입니다. 공학용 계산기에는 난수를 만드는 기능키가 있습니다.

"와! 그래요? 몰랐어요."

돌쇠가 아는 것은 세상에 아주 드뭅니다. 이들은 대부분 Ran#random number 또는 RAND 혹은 RND로 표시되어 있는데, 지금 계산기 한번 가져와서 보세요. RND 숫자판 0 위에 있어요. 키를 누르면 0과 1 사이의 난수를 얻을 수 있습니다. 이들 수에 1000을 곱하면 000에서 999까지의 난수가 생깁니다.

이를테면, 900명 중에서 5명을 임의추출 하는 순서는 다음과 같습니다.

공학용 계산기

① 각 사람에게 000에서 899까지의 번호를 붙인다.

② 계산기에 있는 SHIFT, Ran#, EXE를 눌러서 다음 수를 얻는다.

　0.457, 0.273, 0.634, 0.918, 0.553, 0.063, ……

③ 이들 수에 1000을 곱하여 457, 273, 634, 918, 553, 63을 번호로 하는 다섯 사람을 표본으로 택한다.

(5) 컴퓨터 프로그램에 의한 임의추출

컴퓨터 프로그램의 하나인 엑셀에 의하여 난수를 만들 수도 있습니다.

엑셀의 '도구' 메뉴에서 '데이터 분석' 도구를 선택하면 대화 상자가 나옵니다. 돌쇠가 대화 상자 말고 사과 상자 같은 것은 안 나오는지 물어봅니다. 말시키지 마세요. 나도 컴퓨터는 잘 다루는 편이 아니라 집중해서 설명해 주고 있는 것입니다. 대화 상자에서 '난수 생성'을 선택하고 '확인'을 누릅니다. '난수 생성' 대화 상자에 적절한 값을 입력합니다.

이를테면, 700명 중에서 5명을 임의추출 하는 순서는 다음과 같습니다.

① 각 사람에게 000에서 699까지의 번호를 붙인다.

② 난수를 만든 다음 1000을 곱하여 소수점 아래는 버리고 만든 다음 수를 번호로 갖는 다섯 사람을 표본으로 택한다.

231, 584, ~~787~~, 675, 177, ~~714~~, ~~838~~, 165, ~~887~~, ~~714~~

다음 그림을 보고 구간 [0, 1] 사이에 있는 난수 10개를 생성하는 예와 그 결과를 이용하면 됩니다.

이처럼 임의추출이라 함은 무작위 추출을 말하는 것입니다. 한편, 임의추출로 자료를 추출할 때, 한 번 뽑은 것을 다시 넣고 또다시 뽑는 것을 복원추출이라고 하고 뽑은 것을 다시 넣지 않고 뽑는 방법을 비복원추출이라고 합니다. 하루 종일 뽑는 것에 대한 이야기만 했더니 힘이 듭니다. 이만, 이번 수업을 마치도록 하겠습니다.

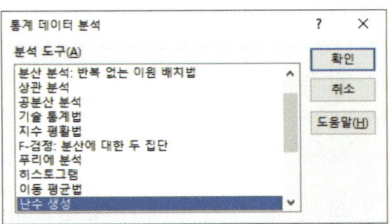

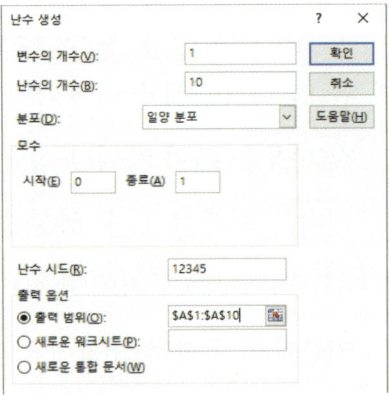

수업정리

❶ 전수조사에는 많은 시간과 비용이 들기 때문에, 대상에 따라서는 전수조사를 할 수 없는 경우도 있습니다. 그래서 전체에 대한 특징을 추측하는 방법을 사용하기도 합니다. 이와 같은 조사를 표본조사라고 합니다.

❷ 표본조사의 목적은 표본에서 얻은 정보를 가지고 모집단의 성질을 추측하는 데 있습니다. 따라서 모집단의 성질이 잘 반영되도록 표본을 추출해야 합니다. 이를 위해서는 표본이 모집단의 어느 한 부분에 치우치지 않게 모집단에서 잘 추출해야 합니다.

❸ 임의추출이라 함은 무작위 추출을 말하는 것입니다. 한편, 임의추출로 자료를 추출할 때, 한 번 뽑은 것을 다시 넣고 또다시 뽑는 것을 복원추출이라고 하고 뽑은 것을 다시 넣지 않고 뽑는 방법을 비복원추출이라고 합니다.

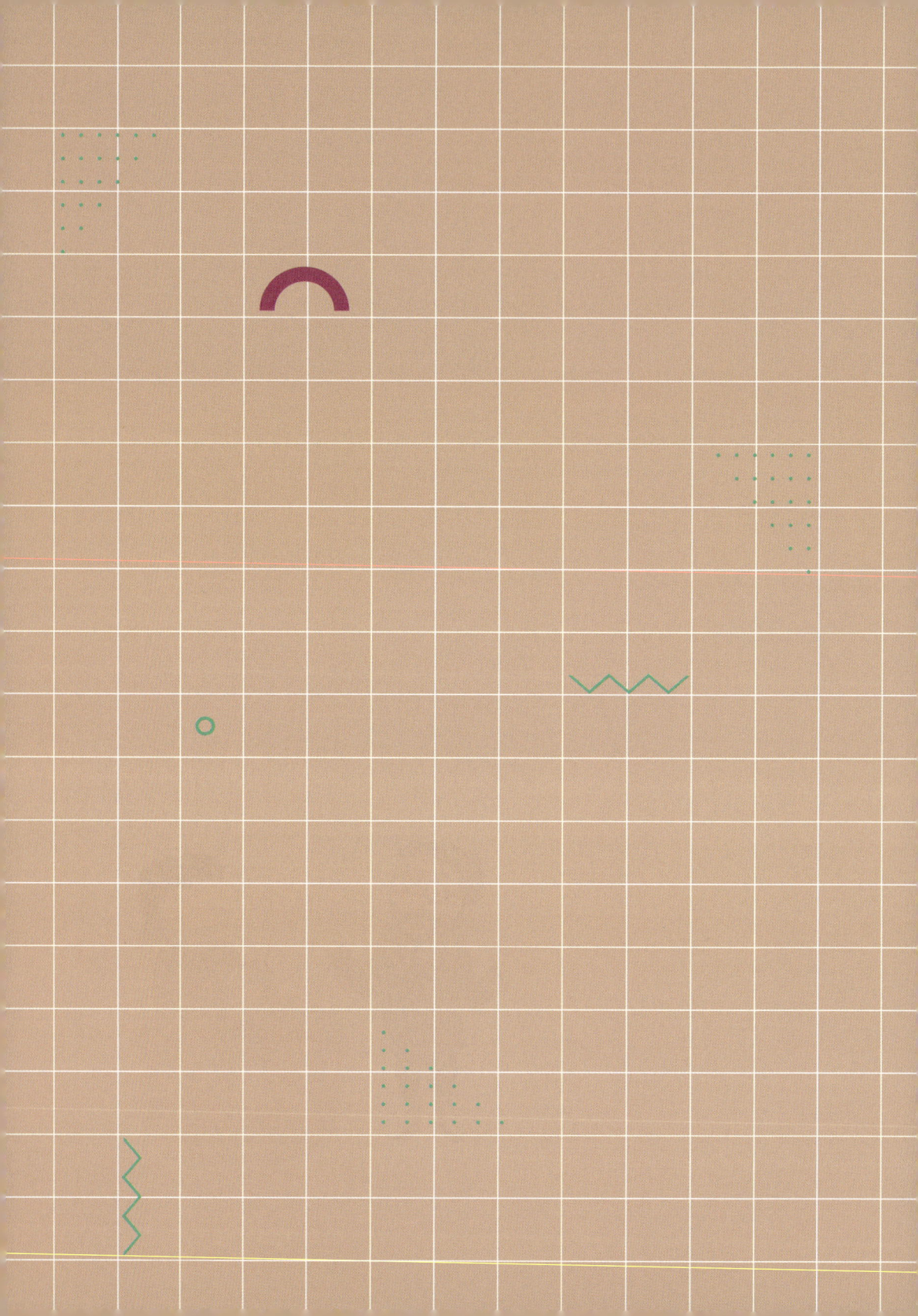

3교시

표본평균의 분포

확률분포표를 만들어 이용하는 방법에 대해서 배워 봅니다.

수업 목표

1. 표본평균의 분포에 대해 알아봅니다.
2. 표본평균과 표본표준편차에 대해서도 알아봅니다.

미리 알면 좋아요

1. **확률변수** 확률론에서 확률변수는 확률분포에 의해 임의의 값을 갖는 양입니다.

2. **시그마** 시그마는 Σ, σ, ς 그리스어 $sigma$로 표기하며, 18번째 그리스 문자입니다. 그리스 숫자로는 200을 뜻합니다.

3. **곱의 법칙** 사건 A, B가 있고, 사건 A가 일어날 경우의 수가 m가지이고, 그 각 경우에 사건 B가 일어날 경우의 수가 n가지일 때, 두 사건 A, B가 잇달아 일어나는 경우의 수는 $m \times n$가지가 된다는 법칙입니다.

4. **확률분포** 하나의 확률변수에 대하여 가능한 모든 확률을 대응해 주는 관계를 말합니다.

5. **확률** 확률은 어떤 일이 일어날 가능성을 말합니다. 이를 수치로는 0과 1 사이의 실수로 나타낼 수 있는데, 이때 결코 일어나지 않을 경우의 확률은 0, 확실히 일어날 경우의 확률은 1이 됩니다.

6. **분산** 확률론과 통계학에서 어떤 확률변수의 분산은 그 확률변수가 기댓값으로부터 얼마나 떨어진 곳에 분포하는지를 가늠하는 숫자입니다. 기댓값은 확률변수의 위치를 나타내고 분산은 그것이 얼마나 넓게 퍼져 있는지를 나타냅니다. 분산보다는 분산의 제곱근인 표준편차를 더 자주 사용합니다.

피셔의
세 번째 수업

돌쇠는 한국 사람이라서 잘 모르겠지만 외국 음식 문화에 보면 본 식사를 하기 전에 살짝 위장을 적셔 주기 위해 먹는 음식이 있습니다. 음식의 맛을 돋우기 위해 소량으로 나오는 음식, 에피타이저라는 것입니다. 밥 먹기 전에 된장찌개 같은 국물을 먼저 먹는 것과는 조금 다릅니다. 그런데 여기서는 에피타이저 자체가 중요한 것이 아니라 우리가 표본평균의 분포를 배우기 전에 에피타이저로 표본평균과 표본표준편차에 대해 먼저 알아보자는 이야기입니다.

일반적으로 모집단의 특성을 나타내는 확률변수의 확률분포를 모집단의 분포라고 합니다. 이 모집단의 분포에서 평균, 분산, 표준편차를 각각 모평균, 모분산, 모표준편차라고 하여 모母자를 붙여 사용합니다.

이때, 모평균을 기호로는 m, 모분산을 σ^2시그마 제곱, 모표준편차를 σ시그마라고 부릅니다. 그런데 모집단에서 쫙 뽑아낸 표본의 평균, 분산, 표준편차는 각각 표본평균, 표본분산, 표본표준편차라고 부릅니다. 기호도 좀 다르게 씁니다. 표본평균은 $\overline{X}$로 나타내고, 표본분산은 s^2으로, 표본표준편차는 s로 나타냅니다.

이 정도로 수학의 위장을 적셔 주는 에피타이저를 먹었으니 이제 서서히 본 음식을 먹어 볼까요? 표본평균의 평균! 음, 맛은 있겠지만 소화는 상당히 힘든 음식이라는 것을 향기만으로 알 수 있을 것입니다. 자고로, 음식은 비교해 가며 먹어 봐야 맛을 잘 알 수 있습니다. 모평균, 표본평균, 표본평균의 평균을 비교해서 먹어 보겠습니다.

어떤 모집단에서 하나의 자료를 추출하여 평균을 구하는 것을 배웠지만 이제는 하나의 자료를 추출하지 않고 2개 이상의 자료를 추출했을 때, 그 평균을 알아보겠습니다. 즉, 표본으로 뽑은 자료의 평균을 알아보도록 하겠습니다.

평균들의 평균이라 양이 많아서 먹을 것은 많아 보이는데 과연 우리가 소화해 낼지 의문이군요. 예를 들어 생각해 보기로 합니다. 1, 3, 5의 숫자가 적힌 3장의 카드를 준비합니다. 임의추출법을 사용하여 카드를 1장씩 뽑아 거기에 적힌 숫자를 확률변수 X라 하면, 모평균 m은 $E(X)$입니다. 즉, m과 $E(X)$는 같은 표현이라고 보면 됩니다. 왜 이렇게 2가지로 표현했냐면 학생들 힘들어지라고 그런 것 같습니다. 하하하.

$$m = E(X) = \frac{1+3+5}{3} = \frac{9}{3} = 3$$

일단 모평균은 구했습니다. 이제 표본평균을 구해 보겠습니다. 크기가 2인 표본을 복원추출 할 때, 첫 번째 시행에서 나온 수를 X_a, 두 번째 시행에서 나온 수를 X_b라 하면 표본평균 $\overline{X}$는 $\overline{X} = \frac{X_a + X_b}{2}$로 두 표본의 평균이라고 할 수 있습니다.

그럼 표본이 생길 수 있는 경우를 모조리 다 구해서 적어 놓겠습니다. 혹시 빠진 것이 있는지 여러분도 잘 살펴보세요.

(1, 1), (1, 3), (1, 5), (3, 1), (3, 3), (3, 5), (5, 1), (5, 3), (5, 5) 9개가 맞지요? 그럼 빠짐없이 다 구한 것이 맞습니다. 1, 3, 5로 처음에 뽑을 수 있는 경우의 수는 3가지 그리고 1, 3, 5로 두 번째 뽑을 수 있는 경우의 수도 3가지. 첫 번째 수와 두 번째 수는 서로 영향을 끼치지 않으니 곱의 법칙을 적용시켜서 3×3=9로써 9가지가 나옵니다. 그래서 위에 나열한 경우는 빠짐없이 맞는 것 같습니다.

각 표본마다의 평균을 $\overline{X}_1, \overline{X}_2, \cdots\cdots, \overline{X}_9$라 합니다. 즉, 9가지의 표본평균을 구하겠다는 말입니다. 예를 들어 $\overline{X}_1$과 $\overline{X}_2$를 구해 보면 (1, 1)과 (1, 3)의 표본평균입니다.

$$\overline{X}_1 = \frac{1+1}{2} = 1, \overline{X}_2 = \frac{1+3}{2} = 2$$

아까부터 돌쇠가 분모에 있는 2를 빤히 쳐다보는데 그건 변수가 2개라서 2를 나눈 것입니다. 만약 변수가 3개로 늘어난다면 3으로 나누어 줄 것입니다. 돌쇠는 이제야 이해가 되었는지 씨익 웃습니다.

그럼 각각의 경우를 다 구하여 표로 나타내겠습니다.

X_a \ X_b	1	3	5
1	1	2	③
3	2	3	4
5	3	4	5

$\dfrac{1+5}{2}$로 생긴 것 알고 있지요?

그런데 말이죠. 표본평균은 추출된 표본에 따라 그 평균이 다르게 나오게 됩니다. 역시 표본평균은 어떻게 추출하느냐가 중요한 것 같습니다.

따라서 표본평균 $\overline{X}$를 확률변수로 하는 <mark>확률분포표</mark>를 만들어서 천천히 살펴봅시다.

$\overline{X}$	1	2	3	4	5	합계
$P(\overline{X})$	$\dfrac{1}{9}$	$\dfrac{2}{9}$	$\dfrac{3}{9}$	$\dfrac{2}{9}$	$\dfrac{1}{9}$	1

확률분포표

확률의 값을 나타내는 변수가 1부터 5까지 되어 있는 것은 앞의 표에서 나온 수가 1부터 5까지이기 때문입니다. 분수에서 분모가 모두 9인 이유는 나온 표본평균의 값이 9가지가 있으므로 분모가 9가 된 것이랍니다. 물론 같은 수가 나오는 경우도 있지만 다른 수들을 더해서 만들어졌으므로 9가지로 표시하는 것입니다.

앞의 확률분포표를 좀 이해했는지요? 확률분포표를 가지고 표본평균의 평균 $E(\overline{X})$를 구할 수 있습니다. 통계에서 보통은 대문자 E가 붙으면 평균이라는 뜻입니다.

주어진 확률분포표를 아래위로 곱해서 더하면 그게 바로 표본평균의 평균입니다. 표본평균의 평균기호는 $E(\overline{X})$입니다. 그럼 $E(\overline{X})$를 한번 구해 보겠습니다. 계산은 간단합니다. 표에서 아래위로 곱해서 더하면 됩니다.

$$E(\overline{X}) = 1 \times \frac{1}{9} + 2 \times \frac{2}{9} + 3 \times \frac{3}{9} + 4 \times \frac{2}{9} + 5 \times \frac{1}{9} = 3$$

계산해 보니 표본평균의 평균은 3입니다. 그런데 너무 앞에서 나온 이야기라 기억을 못 하겠지만 모평균 역시 3이었습니다. 71쪽 참고 그렇다면 모평균과 표본평균이 같다는 말입니다. 그렇습니다. 표본의 크기에 관계없이 모평균과 표본평균은 같습니다.

$$m = E(\overline{X})$$

그럼 이제부터는 표본평균의 분산에 대해 알아보겠습니다. 과연 모분산과 표본평균의 분산이 같을까요? 돌쇠가 "해 보면 알겠지요." 하면서 학습에 대한 의욕을 보입니다.

모분산과 표본분산의 차이점을 알아보겠습니다. 앞에 것과 똑같이 보기는 1, 3, 5의 숫자가 쓰여 있는 카드로 하겠습니다.

모분산 σ^2은 $V(X)$입니다. 그래서 $V(X)$는 변량에서 평균을 빼 제곱한 것을 다 더해서 변량의 개수로 나누면 됩니다.

수식으로 보여 주겠습니다.

$$V(X) = \frac{(1-3)^2+(3-3)^2+(5-3)^2}{3} = \frac{8}{3}$$

분자를 보니까 변수 1, 3, 5에서 3을 다 빼고 있지요. 앞에서 3이 평균이었으므로 변수에서 평균을 빼는 것입니다. 그 결과를 제곱시켜야 하고 그것을 다 더해서 1, 3, 5 총 3개의 변수가 있으므로 3으로 나누면 그게 바로 모분산의 값 $\frac{8}{3}$입니다.

그럼 표본평균의 분산 $V(\overline{X})$는 표본평균으로 이루어진 자료 $\overline{X}_1, \overline{X}_2, \cdots\cdots, \overline{X}_9$의 분산입니다. 분산을 구하는 것은 $\overline{X}$의 확률분포표를 이용하면 쉽습니다. $\overline{X}$의 변량들을 제곱하고 $P(\overline{X})$를 각각 곱해서 더합니다. 잠깐, 여기서 끝난 것이 아닙니다. 그 값에 평균의 제곱을 빼야 표본평균의 분산이 됩니다. 돌쇠가 그런데 확률분포표가 어디 있냐고 물어봅니다. 앞에서 본 그 표를 말합니다. 앞 페이지로 넘기지 마세요. 다시 보여 주겠습니다.

$\overline{X}$	1	2	3	4	5	합계
$P(\overline{X})$	$\frac{1}{9}$	$\frac{2}{9}$	$\frac{3}{9}$	$\frac{2}{9}$	$\frac{1}{9}$	1

그럼 위 표를 보면서 표본평균의 분산을 구하는 과정을 수식으로 보여 주겠습니다.

$$V(\overline{X}) = 1^2 \times \frac{1}{9} + 2^2 \times \frac{2}{9} + 3^2 \times \frac{3}{9} + 4^2 \times \frac{2}{9} + 5^2 \times \frac{1}{9} - 3^2 = \frac{4}{3}$$

< 확률분포표 >

$\overline{X}$	1	2	3	4	5	합계
$P(\overline{X})$	$\frac{1}{9}$	$\frac{2}{9}$	$\frac{3}{9}$	$\frac{2}{9}$	$\frac{1}{9}$	1

앗, 분명 모분산의 값과 표본평균의 분산의 값은 다릅니다. 그렇다면 아무런 연관이 없는 것인가요? 그래서 우리는 두 수를 가까이 대 보기도 하고 멀리 떼어 보기로 합니다. 혹시나 자석의 N극과 S극처럼 붙나 아니면 같은 극처럼 밀쳐 내는가 보기 위해서 말입니다.

그랬더니 마침 두 수 사이의 관계가 나타납니다. 두 수 사이의 관계는 $\frac{8}{3} \div 2 = \frac{4}{3}$가 되는 것입니다. 그 말은 $V(\overline{X}) = \frac{\sigma^2}{n}$이라는 관계입니다. 즉, 모분산을 표본의 크기 n으로 나누면 표본평균의 분산이 된다는 것입니다.

앞에서는 표본의 크기가 2였으므로 2로 나누는 것입니다. 그렇습니다. 모분산에서 표본의 크기로 나누면 표본평균의 분산이 됩니다. 표본평균의 평균과 분산을 정리해서 써 보겠습니다.

표본평균 $\overline{X}$의 평균 : $E(\overline{X})=m$

표본평균 $\overline{X}$의 분산 : $V(\overline{X})=\dfrac{\sigma^2}{n}$ (n은 표본의 크기)

이제까지 우리가 해 온 것의 결과를 보기 위해서 문제를 하나 풀어 보겠습니다. 문제를 풀어 보겠다는 말에 돌쇠는 연거푸 푹푹 한숨을 쉽니다. 온천지가 돌쇠의 입냄새로 진동합니다. 하지만 나도 여기서 물러설 수는 없습니다. 학생들을 위해서 내 코가 썩더라도 문제를 하나 풀어 보겠습니다.

쏙쏙 문제 풀기

모집단의 확률변수 X의 확률분포가 아래의 표와 같다. 이 모집단에서 크기 5인 표본을 복원추출 할 때, 표본평균 $\overline{X}$의 평균과 분산을 구하시오.

X	1	2	3	계
P(X)	0.1	0.5	0.4	1

풀이는 되도록 수식만을 사용하여 나타내겠습니다. 앞에서 배운 내용을 곱씹으면서 반드시 이해할 수 있도록 합니다.

$$m = 1 \times 0.1 + 2 \times 0.5 + 3 \times 0.4 = 2.3$$
$$\sigma^2 = 1^2 \times 0.1 + 2^2 \times 0.5 + 3^2 \times 0.4 - 2.3^2 = 0.41$$

이상은 모평균과 모분산입니다. 이것을 알고 있는 상태에서 표본평균의 평균과 분산을 찾을 수 있습니다. 표본평균의 평균은 모평균과 같아서 그대로 2.3이고, 표본평균의 분산을 구하는 것은 기술이 필요합니다. 하지만 기술이라고 해 봐야 표본의 크기 5로 나누면 땡입니다.

$$E(\overline{X}) = m = 2.3 \text{모평균과 같아요}$$
$$V(\overline{X}) = \frac{\sigma^2}{n} = \frac{0.41}{5} = 0.082$$

그렇습니다. 분산의 값만 달라집니다.

이제 표본평균의 분포를 정리하고 마치도록 하겠습니다. 돌쇠가 마친다는 소리에 벌떡 일어납니다. 이것만 하고 마친다고 하니 다시 발라당 쓰러집니다.

X의 분포와 $\overline{X}$의 분포와의 관계

모평균, 모분산이 각각 m, σ^2일 때, 표본평균 $\overline{X}$의 평균, 분산은 각각 $m, \dfrac{\sigma^2}{n}$입니다. 따라서 표본평균 $\overline{X}$의 분포의 산포도_{변량}의 흩어져 있는 것을 하나의 수로 나타낸 것가 모집단 X의 분포의 산포도보다 작고 모평균의 부근에 표본평균이 집중되어 있습니다. 또 표본의 크기 n이 커질 때, $\overline{X}$의 분산은 0에 점점 가까워집니다. 분수의 성질에서 분모가 커지면 당연히 0에 가까워지는 것입니다. 어렵게 생각하지 마세요. 즉, 표본의 크기가 크면 $\overline{X}$의 값은 m에 충분히 가까운 값이 되리라고 기대할 수 있습니다.

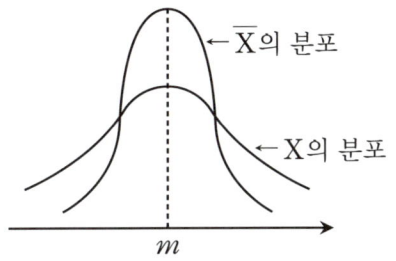

위의 그림을 보면서 수업을 정리하도록 하겠습니다. $\overline{X}$는 'X 바'라고 읽습니다. X를 봐 달라고 해서인지 그림에서도 X의 분포보다 $\overline{X}$의 분포가 더 튀어나와 있습니다. 평평한 X의 분포와 툭 튀어나온 $\overline{X}$의 분포를 비교해 봐 주세요.

수업정리

❶ 모평균을 기호로는 m, 모분산을 σ^2시그마 제곱, 모표준편차를 σ시그마라고 부릅니다. 그런데 모집단에서 뽑아낸 표본의 평균, 분산, 표준편차는 각각 표본평균, 표본분산, 표본표준편차라고 부릅니다.

❷ 모분산 σ^2은 $V(X)$입니다. 그래서 $V(X)$는 변량에다가 평균을 빼서 제곱한 것을 다 더해서 변량의 개수로 나누면 됩니다.

❸ 표본평균의 분산 $V(\overline{X})$는 표본평균으로 이루어진 자료 $\overline{X}_1$, $\overline{X}_2$, ······의 분산입니다. 분산을 구하는 것은 $\overline{X}$의 확률분포표를 이용하면 쉽습니다. $\overline{X}$의 변량들을 제곱하고 $P(\overline{X})$를 각각 곱해서 더한 후 그 값에서 평균의 제곱을 뺍니다.

❹ 모평균, 모분산이 각각 m, σ^2일 때, 표본평균 $\overline{X}$의 평균, 분산은 각각 m, $\dfrac{\sigma^2}{n}$입니다.

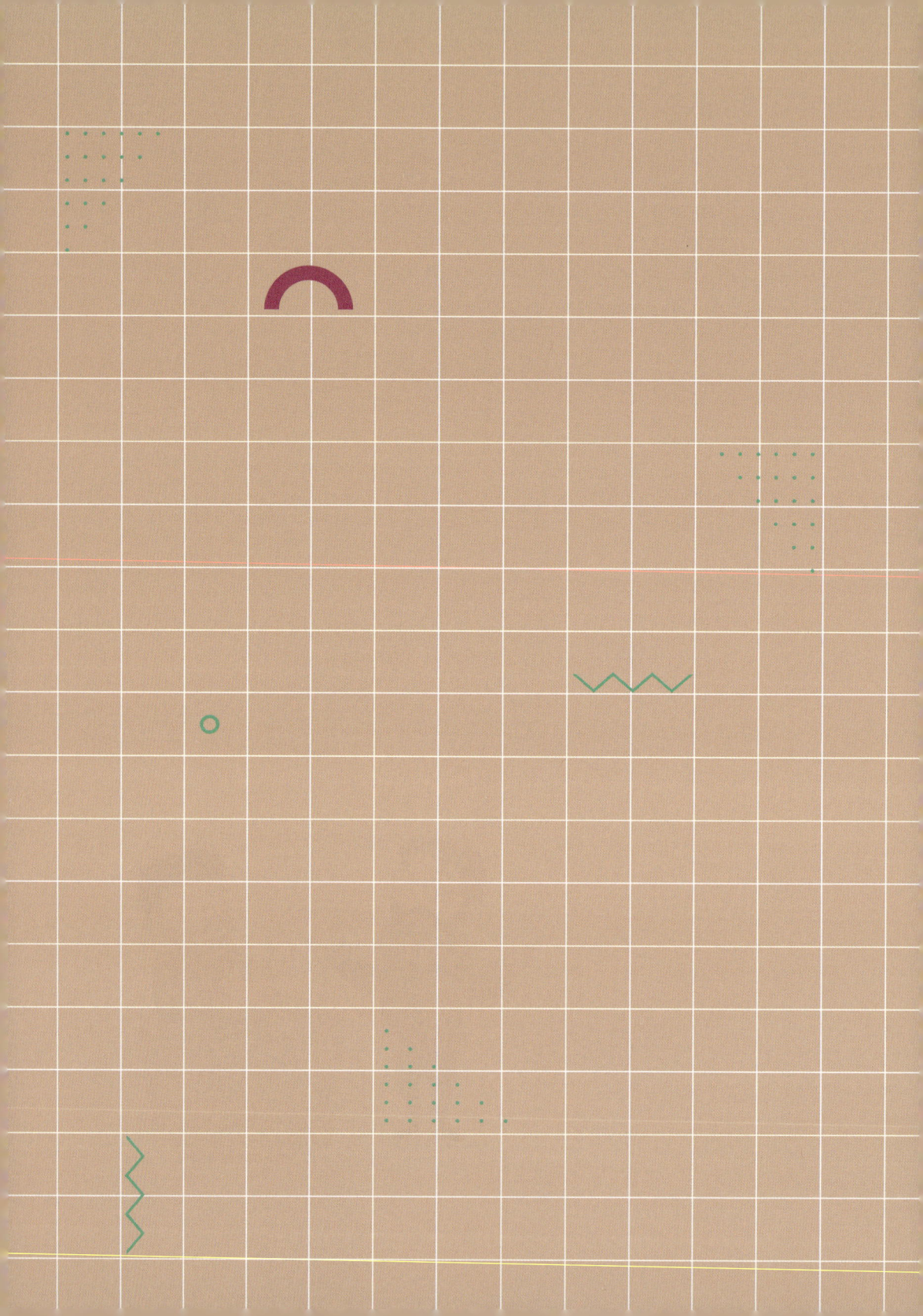

4교시

모평균의 추정

통계 조사의 방법에 대해서 알아봅니다.

수업 목표

1. 일상생활에서 모평균의 추정에 대해 알아봅니다.
2. 추정에 연관된 용어를 정리해 봅니다.

미리 알면 좋아요

1. **전수조사** 대상이 되는 통계 집단의 단위를 하나하나 전부 조사하는 관찰 방법을 말합니다.≒전부 조사

2. **표본조사** 모집단의 일부를 표본으로 추출하여 조사한 결과로 모집단 전체의 성질을 추측하는 통계 조사 방법을 말합니다.

3. **신뢰도** 통계에서 어떠한 값이 알맞은 모평균이라고 믿을 수 있는 정도를 말합니다.

4. **브릭스** Brix 음식물에 들어 있는 단맛의 탄수화물 양(당도)을 그 음식물에 대하여 백분율로 나타낸 것을 말합니다.

피셔의
네 번째 수업

    오늘은 모평균의 추정에 대한 공부를 하겠습니다. 표본에서 얻은 정보를 이용하여 모집단의 평균, 표준편차 등을 추측하는 방법을 추정이라고 합니다. 예를 들어 범인의 작은 흔적을 추측하여 범인을 알아내는 것을 추정이라고 생각하면 이해에 도움이 좀 될 것입니다.

    모집단의 성질을 파악하기 위해서 대상 전부를 조사하는 전수조사를 해야 하지만 시간과 비용 문제로 전수조사가 힘든 경우가 있습니다. 이런 때는 표본조사를 통하여 모집단의 특성을 추측할 수 있습니다. 다시 말하자면 표본의 평균이나 표준편차를 이용하여 모집단의 평균, 표준편차와 같은 미지의 값을 추측하는 방법을 추정이라고 합니다. 예를 들어 통 속에 100개의 공이 있을 때, 그중에서 파란 공이 90개이고 빨간 공이 10개라고 합니다. 그럼 이 통 속에서 공을 하나씩 꺼낼 때 그 공이 파란 공일 확률은 $\frac{90}{100}=\frac{9}{10}$가 된다고 할 수 있습니다. 이때, 공을 꺼내기 전에 '꺼낸 공의 색깔이 파란색이다.'라고 추정하였다면 이 추정은 맞을 수도 있고, 아닐 수도 있습니다.

우리 일상생활에서도 표본조사로 모집단의 평균을 추정해야

할 경우가 흔히 일어납니다. 이때, 추정을 어느 정도로 신뢰할 수 있는가라는 추정의 신뢰성을 생각하는 일은 매우 중요한 일입니다. 돌쇠가 말을 하면 아무도 신뢰하지 않는 것은 그의 신뢰성에 문제가 있기 때문입니다. 하하하.

신뢰라는 말이 나와서 하는 말인데 어떤 추정이 적중할 확률을 그 추정의 ==신뢰도==라고 합니다.

이때까지의 설명이 너무 어렵다고 돌쇠의 한숨으로 대응하는 태클이 들어옵니다. 오늘은 속이 좀 좋지 않아 돌쇠의 냄새 나는 한숨을 참아 낼 재간이 없습니다. 내가 좀 힘들더라도 다시 자세히 설명하겠습니다.

모집단의 성질을 알기 위한 방법으로 전부 다 조사하는 전수조사를 하면 됩니다. 전수조사는 전체를 조사하는 방법이므로 가장 정확한 결과를 얻을 수 있습니다.

하지만 모집단이 너무 크거나 모두 조사하기 어려운 경우도 있습니다. 돌쇠가 그래도 신경 쓰지 말고 전수조사를 하자고 우깁니다. 돌쇠는 번거로운 것은 딱 질색이라고 합니다. 그건 돌쇠만 그런 것은 아닐 것입니다. 하지만 세계 인구의 평균 수명을 구한다고 하면 세계 70억 인구의 수명을 모두 조사해야 하는데 그게 가능할까요?

 이렇게 전수조사가 불가능한 경우 표본조사를 통하여 모집단의 성질을 파악해 낼 수밖에 없습니다. 그래서 우리는 표본의 평균, 표준편차 등을 이용하여 모집단의 평균, 표준편차와 같이 모르는 값을 추측을 통하여 알아내는 추정을 사용합니다.

 다시 반복해서 말하면 표본의 성질을 이용하여 모집단의 성질을 추측하는 방법을 추정이라고 합니다. 추정이란 추측하는 것이므로 어느 정도의 신뢰도를 갖느냐가 우리의 관심사가 될 수 있습니다. 신뢰도는 추정이 적중할 확률입니다. 아무렇게나 추정하면 그 추정의 신뢰도는 아무래도 믿을 수 없을 것입니다.

예를 들면, 어느 농장에서 수확한 과일 10000개의 단맛이 5.0브릭스_{단맛을 나타내는} 정도라면 농장 전체 과일의 단맛이 5.0브릭스라고 추정할 수 있습니다. 그러나 표본으로 조사한 10000개의 과일이 유독 맛이 단 나무들에서만 딴 것이라면 전체 과일의 당도보다 측정 결과가 높게 나올 것입니다. 반대로 표본으로 조사한 10000개의 과일이 당도가 낮은 나무에서 딴 것이라면 조사한 당도의 표본은 결과가 낮게 나온 것입니다. 이처럼 추정한 결과가 꼭 맞는 것은 아닙니다. 그래서 추정이 적중할 확률을 그 추정의 신뢰도라고 합니다.

옆에 있던 돌쇠가 자신도 비슷한 경험을 하였다고 말합니다. 돌쇠는 자신과 나이 차이가 많이 나는 어린 동생이 있습니다. 그 어린 동생은 유독 콩을 싫어합니다. 그래서 항상 밥상에서 콩밥을 가지고 투정을 합니다. 그래서 어머니는 어린 동생의 밥에서는 되도록 콩을 빼려고 했습니다. 하지만 어린 동생은 언제나 콩에 대한 투정을 합니다. 콩을 몇 개 골라내고 자신의 밥에는 콩밖에 없다고 투정을 합니다. 하지만 돌쇠가 보기에는 전체 밥에서 콩의 차지하는 비율이 얼마 되지 않습니다. 그래도 어린 동생은 콩만 골라내고서 자신의 밥모집단에는 콩표본집단만 있다고 투정을 합니다. 하지만 동생의 밥에 있는 콩에 대한 추정에는 문제가 있습니다. 그래서 돌쇠는 다음 밥상에서도 동생이 그런 투정을 한다면 동생의 눈을 감기고임의추출을 위해서 밥 한술을 뜨게 한 다음 그 속에 들어 있는 콩의 양으로 추정을 시켜 볼 생각입니다. 우아! 돌쇠가 나랑 통계적 추정을 배우면서 수학 실력이 많이 늘었나 봅니다. 그렇습니다. 아무리 돌쇠 같은 머리도 관심을 가지고 자꾸 노력하다 보면 실력이 늘게 마련입니다. 여러분도 박차를 가하여 공부를 합시다.

돌쇠의 파이팅에 힘입어 새로운 마음으로 용어에 대해 알아봅시다. 수학은 용어 정의가 생명입니다. 자, 살아 숨 쉬는 용어를 보세요.

- **통계 조사**
  (1) **전수조사** : 인구 조사와 같이 조사의 대상으로 삼은 집단 전체를 빠짐없이 조사하는 것을 말합니다.
  (2) **표본조사** : 조사의 대상으로 삼은 집단의 일부만을 택하여 조사함으로써 전체를 추측하는 조사를 말합니다.

· **모집단**

통계 조사에서 대상이 되는 집단 전체를 말합니다.

· **표본**

모집단 가운데 조사하기 위하여 뽑은 자료를 표본이라 하고, 표본에 포함되는 자료의 개수를 표본의 크기라고 합니다.

· **추출**

모집단에서 표본을 뽑는 것을 말합니다.

(1) 복원추출 : 뽑은 것을 다시 넣으면서 뽑는 방법을 말합니다.

(2) 비복원추출 : 뽑은 것을 다시 넣지 않고 다음 표본을 뽑거나 동시에 뽑는 방법을 말합니다.

비복원추출에 대해 할 말이 좀 있습니다. 모집단의 크기가 충분히 큰 경우는 비복원추출도 복원추출로 볼 수 있습니다. 여기에 딱 들어맞는 소리가 한강에 있는 모래알 같은 경우 비복원추출을 하여도 표본에 아무런 영향을 미치지 않는다는 얘기입니다.

· **임의추출**

모집단에서 표본을 추출할 때, 어느 특정한 것을 택하지 않고 아무 생각 없이 같은 확률로 우연히 뽑는 방법을 말합니다.

통계 처리 하고자 하는 대상 전체를 다 조사하려면 시간과 비용이 많이 듭니다. 그래서 때에 따라서는 표본을 뽑아 일부를

조사하여 전체를 추정하는 것입니다. 표본에서 얻은 결과를 이용하여 모집단의 평균, 표준편차 등의 값을 추측하는 추정에 대한 것을 그림으로 살펴보면서 이번 수업을 마치도록 하겠습니다.

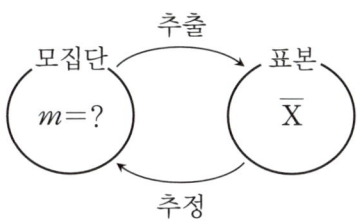

돌쇠는 표본평균과 표본표준편차를 통해 반드시 모집단을 알아내고 말겠다고 다짐합니다. 우아, 우리도 그럼 돌쇠의 달라진 모습을 다음 수업에서 기대해 보기로 합시다.

수업 정리

❶ 모집단의 성질을 파악하기 위하여 전부를 조사하는 전수조사를 하여야 하지만, 시간과 비용 문제로 전수조사가 힘든 경우가 있습니다. 이때는 표본조사를 통하여 모집단의 특성을 추측하게 됩니다.

❷ 신뢰도
어떤 추정이 적중할 확률을 그 추정의 신뢰도라고 합니다.

❸ 통계 조사
(1) 전수조사 : 인구 조사와 같이 조사의 대상으로 삼은 집단 전체를 빠짐없이 조사하는 것을 말합니다.
(2) 표본조사 : 조사의 대상으로 삼은 집단의 일부만을 택하여 조사함으로써 전체를 추측하는 조사를 말합니다.

❹ 모집단
통계 조사에서 대상이 되는 집단 전체를 말합니다.

❺ 표본

모집단 가운데 조사하기 위하여 뽑은 자료를 표본이라 하고, 표본에 포함되는 자료의 개수를 표본의 크기라고 합니다.

❻ 추출

모집단에서 표본을 뽑는 것을 말합니다.
(1) 복원추출 : 뽑은 것을 다시 넣으면서 뽑는 방법을 말합니다.
(2) 비복원추출 : 뽑은 것을 다시 넣지 않고 다음 표본을 뽑거나 동시에 뽑는 방법을 말합니다.

❼ 임의추출

모집단에서 표본을 추출할 때, 어느 특정한 것을 택하지 않고 아무 생각 없이 같은 확률로 우연히 뽑는 방법을 말합니다.

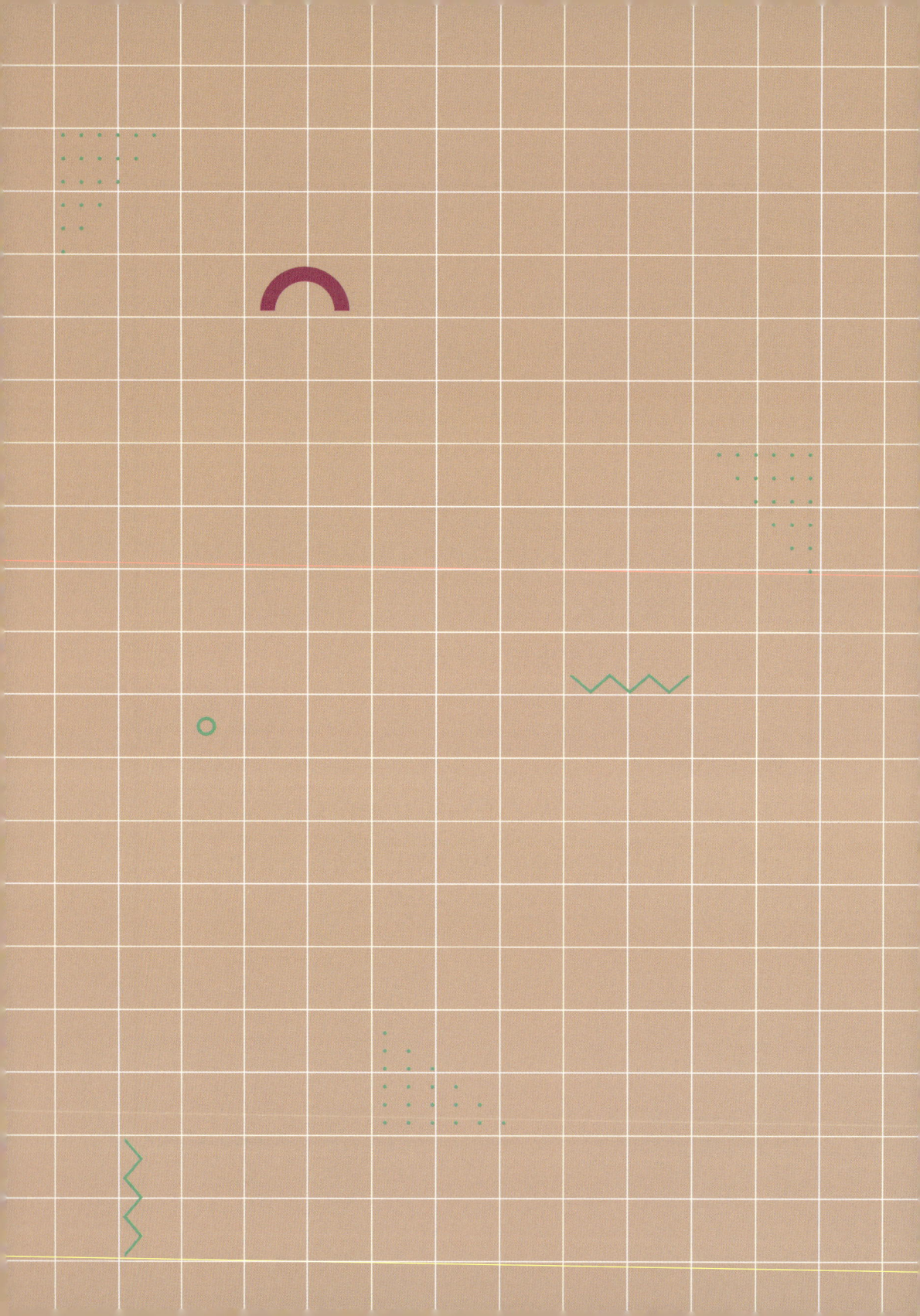

5교시

신뢰도와 오차

신뢰도와 오차의 의미를 알고
실생활에서의 응용을 배웁니다.

수업 목표

1. 정규분포와 표본정규분포의 성질을 이용하여 추정 방법을 알아봅니다.
2. 신뢰도와 오차에 대해 알아봅니다.

미리 알면 좋아요

1. **신뢰구간** 확률 함수에서 모집단의 대푯값이 들어 있을 수 있는 확률값의 범위를 말합니다.

2. **정규분포** 도수분포곡선이 평균값을 중앙으로 하여 좌우 대칭으로 종 모양을 이루는 분포를 말합니다.

3. **모평균** 모집단의 평균값을 말합니다.

4. **신뢰도** 통계에서 어떠한 값이 알맞은 모평균이라고 믿을 수 있는 정도를 말합니다.

5. **이항분포** 어떤 시행에서 사건이 일어날 확률을 p, 일어나지 않을 확률을 q라고 할 때, 확률변수에 대응하는 각각의 확률이 $(p+q)^n$의 전개식의 각 항으로 되어 있는 확률분포를 말합니다.

피셔의 다섯 번째 수업

 오늘 나는 전국에 있는 19세 남녀를 모집단으로 하여 임의표본 1600명을 뽑아 키를 조사했습니다. 여기서 모집단이란 전국에 있는 남녀 모두를 말합니다. 임의표본이란 의도적이지 않은, 즉 뽑는 사람의 주관이 들어가지 않게 뽑는다고 보면 됩니다.

 키의 평균이 165cm, 표준편차는 4cm였습니다. 표준편차 역시 평균에서 떨어져 있는 범위라고 보면 됩니다. 내가 조사한 표본조사의 결과로부터 전국에 있는 19세 인구 전체의 키에 대한 평균을 추측해 볼 때, 정확히 165cm라고 할 수는 없겠지요. 하지만 165cm 근방의 어느 값일 것이라는 추정은 가능합니다. 근방이라고 하니까 돌쇠가 근방이 무슨 뜻이냐고 물어 옵니다. 아, 근방이란 수학적 용어로도 볼 수 있습니다. 대략 160cm에서 170cm 사이의 어디쯤 있을 것이라는 것을 근방이라고 말합니다. 이것을 용어화시키면 신뢰구간이라고 할 수 있겠지요.

이 말은 '얼마만큼 믿을 수 있는가?'라고 묻는다면, '90% 정도 믿어도 좋다.'라고 대답하면 된다는 뜻입니다. 그럼 90% 신뢰도가 있을 수 있다는 뜻이 됩니다.

하지만 수학에서는 이러한 막연한 추정은 별 의미가 없습니다. 그래서 정규분포와 표본정규분포의 성질을 이용하여 객관적인 추정 방법을 생각합니다. 평균 m이 취하는 범위가 $\overline{X}-1.96 \cdot \frac{\sigma}{\sqrt{n}} \leq m \leq \overline{X}+1.96 \cdot \frac{\sigma}{\sqrt{n}}$일 때, 신뢰도가 95%임이 알려져 있습니다.

이런 무섭게 생긴 식이 갑자기 등장하자, 돌쇠는 삽을 들고 가까이 오지 말라며 경계를 합니다. 그렇습니다. 어느 누구라도 이런 식이 갑자기 등장한다면 일상생활에 지장을 줄 정도로 두려울 것입니다. 나도 처음 이 식을 보고 나선 밥을 먹기가 싫었습니다. 이 식을 보자마자 밥숟갈을 놓을 정도로 당황했습니다.

하지만 여러분, 이 식도 자주 보면 면역이 생겨서 친근감을 가질 수 있게 됩니다. 식을 찬찬히 살펴보겠습니다. 두려워 마세요. 자주 보면 그렇게 두려운 모습만은 아니랍니다.

$$\overline{X} - 1.96 \cdot \frac{\sigma}{\sqrt{n}} \leq m \leq \overline{X} + 1.96 \cdot \frac{\sigma}{\sqrt{n}}$$

이 식을 애정 어린 눈길로 쳐다보면 가운데 m을 중심으로 좌

우의 모습이 거의 똑같다는 것을 알 수 있습니다. 다만 1가지 차이가 있는 것은 좌변의 가운데에는 －마이너스가 있다는 것입니다. 마치 두 항을 연결시키는 고리처럼 말입니다. 우변의 가운데에는 ＋플러스로 연결되어 있습니다. 이 말은 식을 외울 때 한쪽만 알아 두면 다른 쪽은 자동으로 외워진다는 뜻이기도 합니다. 부호만 바꾸어 쓰면 되니까요. 나중에 보면 알겠지만 이 식을 변형시켜 다른 유사한 식을 만들어 내기도 합니다.

$\overline{X}$는 표본평균, σ는 표본표준편차를 나타냅니다. 그리고 n은 표본의 크기를, m은 추정하고자 하는 모평균을 나타냅니다. 이 식을 완전히 분해해 버렸습니다. 이러한 조립품을 가지고 식을 완성시키면 우리가 추정하려고 하는 모평균을 추정할 수 있습니다. 이런 부품 하나하나를 잘 알고 이용하면 모평균을 추정할 수 있습니다. 여러분, 이 식이 마냥 두렵거나 악당 같은 식만은 아니라는 것이 느껴지죠?

위에서 예를 든 수를 가지고 한번 알아보도록 하겠습니다. 잘 따라오세요. 돌쇠야~

$\overline{X}=165, \sigma=4, n=1600$이므로 이 값을 조금 전에 배운 $\overline{X}-1.96 \cdot \frac{\sigma}{\sqrt{n}} \leq m \leq \overline{X}+1.96 \cdot \frac{\sigma}{\sqrt{n}}$에 대입하면 됩니다. 대입합니

다. 잘 따라오세요.

$$165 - 1.96 \cdot \frac{4}{\sqrt{1600}} \leq m \leq 165 + 1.96 \cdot \frac{4}{\sqrt{1600}}$$

 나도 수를 잘못 대입할까 봐 살짝 긴장하였습니다. 하지만 내가 누구입니까, 통계학의 귀재 피셔가 아닙니까. 그런데 돌쇠가 질문을 합니다. 1.96과 $\frac{4}{\sqrt{1600}}$ 사이에 있는 점은 무엇인가 하고 말입니다. 나는 그 점은 복점이 아니라 곱하기를 나타내는 기호라고 말합니다. 보통 이러한 점은 수와 문자 사이에 있는 곱하기를 간단히 생략하여 나타낼 때 쓰입니다. 우리가 점을 설명하고 있던 사이 수를 대입한 식이 작동을 시작했습니다. 서로가 계산이 되나 봅니다. 여러분 귀에도 들립니까? 저 신뢰도가 움직이며 계산되는 윙윙거림이 말입니다.
 덜커덩하며, $165 - 1.96 \cdot \frac{4}{\sqrt{1600}} \leq m \leq 165 + 1.96 \cdot \frac{4}{\sqrt{1600}}$ 식이 변환 과정을 거쳐서 결과가 나타납니다.

$164.8 \leq m \leq 165.2$

이와 같은 결과로부터 19세 남녀 키의 평균은 [164.8, 165.2]의 어느 값이라 추정할 수 있고, 이 추정은 95% 믿어도 된다고 말할 수 있습니다. 이 결과는 누구를 붙잡고 말해도 거짓이 아닙니다. 이때 구간 $164.8 \leq m \leq 165.2$ 또는 [164.8, 165.2]를 신뢰구간이라 하고 95%를 신뢰도라 하며 $165.2 - 164.8 = 0.4$를 신뢰구간의 폭 또는 길이라고 합니다.

이러한 모평균은 흔히 95%의 신뢰도와 99%의 신뢰도로 추정합니다. 이때 돌쇠가 말하기를, 이제 식에 대해서는 조금 이해가 되는데 $165 - 1.96 \cdot \frac{4}{\sqrt{1600}} \leq m \leq 165 + 1.96 \cdot \frac{4}{\sqrt{1600}}$ 식이 어떻게 $164.8 \leq m \leq 165.2$가 되었는지 이해가 안 된다고 합니다.

하지만 이 계산 과정을 보이는 것은 상당히 복잡한 일입니다. 그러나 여러분을 위해 여기 보여 드리겠습니다.

$$165 - 1.96 \cdot \frac{4}{\sqrt{1600}} \leq m \leq 165 + 1.96 \cdot \frac{4}{\sqrt{1600}}$$

$$165 - 1.96 \cdot \frac{4}{40} \leq m \leq 165 + 1.96 \cdot \frac{4}{40}$$

$$165 - 1.96 \cdot \frac{1}{10} \leq m \leq 165 + 1.96 \cdot \frac{1}{10}$$

$$165 - 0.196 \leq m \leq 165 + 0.196$$

계산해 보면 164.804≤m≤165.196으로 앞에 있는 답과는 조금 차이가 있습니다. 하지만 이 결과를 소수점 둘째 자리에서 반올림하면 결과는 같아집니다. 약간의 차이에 너무 놀라지 말고 수업을 계속 진행하도록 하겠습니다.

먼저 일반적으로 배우는 기본적인 사항을 적어 보겠습니다. 학교 교과서에서 많이 다루는 내용입니다.

모집단의 분포가 정규분포 $N(m, \sigma^2)$을 따를 때, 모평균 m은 다음과 같은 범위에 있습니다. 단, $\overline{X}$는 표본평균, n은 표본의 크기, σ는 모표준편차 또는 표본표준편차입니다.

(1) 신뢰도 95%일 때 : $\overline{X} - 1.96 \cdot \dfrac{\sigma}{\sqrt{n}} \leq m \leq \overline{X} + 1.96 \cdot \dfrac{\sigma}{\sqrt{n}}$

(2) 신뢰도 99%일 때 : $\overline{X} - 2.58 \cdot \dfrac{\sigma}{\sqrt{n}} \leq m \leq \overline{X} + 2.58 \cdot \dfrac{\sigma}{\sqrt{n}}$

위 식에서 모집단이 애석하게도 정규분포를 따르지 않는다고 해도 모집단의 크기가 충분히 클 때는 위의 추정 공식은 성립하는 것으로 볼 수 있습니다. 돌쇠는 정규분포를 따르지 않아 모처럼 정든 이 추정 공식을 못 보는 것이 아닌가 걱정했다고 합니다. 내가 볼 때 돌쇠의 말은 거짓말인 것 같습니다. 하하하.

한편, 표본의 크기에 따라 신뢰구간은 변하게 됩니다. 그리고 원하는 신뢰도에 따라서도 신뢰구간이 변하게 됩니다.

신뢰도 95%의 신뢰구간, 그 뜻의 의미를 알아보겠습니다.

표본평균 $\overline{X}$는 확률변수입니다. 그래서 추출되는 표본에 따라 값이 다르게 나옵니다. 확률은 분모의 크기에 따라 변합니다. 그러니 값이 다르게 나오는 것은 분수의 성질을 조금이라도 공부한 학생은 미루어 짐작할 수 있을 것입니다.

따라서 그때마다 아래의 신뢰구간도 달라지게 됩니다.

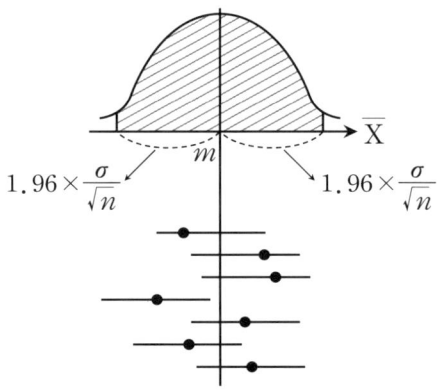

크기가 n인 표본을 여러 번 추출하여 각각의 신뢰구간을 구

해 보면 그중에서 약 95%는 모평균 m을 포함한다는 뜻입니다. 또 어떤 표본에 따라 정해진 신뢰구간에 모평균 m의 값이 포함될 확률이 95%라는 의미이기도 합니다.

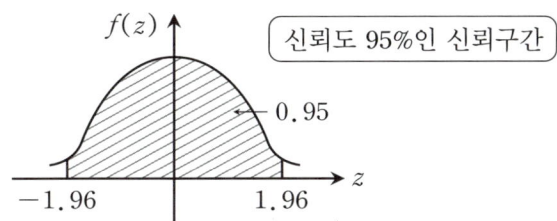

100%는 아니더라도 서서히 감이 잡혀 가나 봅니다. 돌쇠가 아직 덜 익은 감을 손에 꽉 쥐고 있는 것을 보니까요. 이런 상황에서 우리는 신뢰구간의 길이에 대해 알아보도록 합니다. 모표준편차가 σ인 모집단에서 추출한 n개의 표본평균을 $\overline{X}$라 할 때, 모평균을 추정하면 $\overline{X} - k \cdot \dfrac{\sigma}{\sqrt{n}} \leq m \leq \overline{X} + k \cdot \dfrac{\sigma}{\sqrt{n}}$ 단, k는 신뢰도에 따른 상수가 됩니다.

그리고 여기서 나타난 $2k\dfrac{\sigma}{\sqrt{n}}$를 신뢰구간의 길이라고 합니다. 그럼 이 자리에서 신뢰구간의 길이 공식에 대해 좀 자세히 알아보도록 하겠습니다. 신뢰구간의 길이 $2k\dfrac{\sigma}{\sqrt{n}}$를 살펴보면

$k\dfrac{\sigma}{\sqrt{n}}$은 모평균의 신뢰구간 공식에 들어 있는 일부분입니다. 그리고 k와 $\dfrac{\sigma}{\sqrt{n}}$ 사이에는 곱하기가 생략되어 있습니다. 생략된 곱하기를 점으로 표현하기도 합니다. 그런데 문제는 신뢰구간의 길이에서 2가 곱해져 있다는 점입니다. 2가 곱해져 있다는 말은 $k\dfrac{\sigma}{\sqrt{n}}$가 두 배가 된다는 뜻인데 백 마디 말보다 하나의 그림을 통해서 왜 두 배가 되는지 보여 주겠습니다.

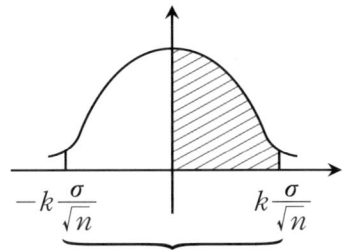

이 부분의 길이, $k\dfrac{\sigma}{\sqrt{n}}$의 2배와 같습니다.
그래서 $2k\dfrac{\sigma}{\sqrt{n}}$가 됩니다.

한편, 신뢰구간의 길이는 표본의 크기 n이 클수록 짧아집니다. 복잡하게 생각하지 말고 $2k\dfrac{\sigma}{\sqrt{n}}$ 식에서 생각해 보면 n이 커지면 당연히 전체 값이 작아지게 된다는 것을 쉽게 알 수 있습니다.
그리고 신뢰도를 높일수록 신뢰구간의 길이는 길어집니다.

믿을 수 있는 범위가 늘어나는 것은 좋은 일입니다. 신뢰구간의 길이를 좀 정리해 드리겠습니다. 필요 없다고 사양하지 말고 받아 두세요.

모표준편차가 σ인 모집단에서 n개의 표본을 추출하여 모평균을 추정할 때, 신뢰구간의 길이는 다음과 같습니다.

(1) 신뢰도 95%일 때 : $2 \times 1.96 \times \dfrac{\sigma}{\sqrt{n}}$

(2) 신뢰도 99%일 때 : $2 \times 2.58 \times \dfrac{\sigma}{\sqrt{n}}$

문제를 하나 풀어 보겠습니다. 문제는 전혀 어려운 것이 아니니 염려 말고 자신감을 가지고 쳐다보세요.

쏙쏙 문제 풀기

모표준편차가 6인 모집단에서 9개의 표본을 추출하여 모평균을 추정할 때, 신뢰구간의 길이는?

답은 어렵지 않습니다. 이 문제는 신뢰도 95%일 때의 공식 : $2 \times 1.96 \times \dfrac{\sigma}{\sqrt{n}}$에 대입하여 계산하면 됩니다. σ에 6을, n에 9를

대입하여 계산합니다. 이번에도 계산 과정을 보여 주겠습니다.

$$2 \times 1.96 \times \frac{6}{\sqrt{9}} = 2 \times 1.96 \times \frac{6}{3} = 2 \times 1.96 \times 2 = 7.84$$

$\sqrt{}$를 계산하는 것 빼고는 그리 어렵지 않습니다.

다음, 신뢰도 99%일 때는 : $2 \times 2.58 \times \frac{6}{\sqrt{9}} = 10.32$입니다. 문제를 다 풀었으니 돌쇠의 입을 놓아주며 돌쇠의 목젖 앞의 살을 땡깁니다. 그랬더니 돌쇠는 나오는 한숨을 자신이 꿀꺽 삼킵니다. 돌쇠의 얼굴이 많이 일그러집니다. 자신의 한숨을 자신이 직접 삼켜 보니 그 맛이 얼마나 독한지를 느꼈나 봅니다.

표본조사로부터 얻어진 값이 모집단의 어떤 구간에 존재할 것이라고 추정할 수 있을 때, 이것이 옳을 확률을 그 추정의 신뢰도라고 하는 것은 알겠지요. 그 구간을 신뢰구간이라고 불렀고 우리는 그것에 대해 여태까지 알아본 것입니다. 모집단이 정규분포 $N(m, \sigma^2)$을 따를 경우 크기 n인 표본평균 $\overline{X}$를 이용하여 모집단의 평균 m을 다음과 같이 추정할 수 있음을 배웠습니다. 지금 이 식이 생소하다고 느끼는 학생은 돌쇠랑 같은 부류의 사람이라고 볼 수 있습니다. 하하하.

$$\overline{X} - k \cdot \frac{\sigma}{\sqrt{n}} \leq m \leq \overline{X} + k \cdot \frac{\sigma}{\sqrt{n}}$$

내가 왜 이처럼 반복해서 설명하냐면 우리 이 책은 문학책이 아니기 때문입니다. 하나라도 학생들의 수업에 도움이 되는, 아니 지식에 도움이 되기 위한 책이기 때문입니다.

95% 신뢰도 추정이라면 $k=1.96$이 되어야 하고, 99% 신뢰도 추정을 원한다면 $k=2.58$이 되어야 합니다.

이 결과는 표본의 크기가 커짐에 따라 표본평균이 $N(m, \frac{\sigma^2}{n})$인 정규분포가 된다는 중심극한정리를 그대로 이용한 것입니다.

중심극한정리

확률변수 제n항까지의 합의 분포가 $n \to \infty$일 때, 정규분포에 가까워지는 것을 보이는 정리를 중심극한정리라 합니다. 정규분포란 도수분포곡선이 평균값을 중앙으로 하여 좌우 대칭인 종 모양을 이루는 것을 말합니다. 중심극한정리로 가장 기초적인 것은 이항분포의 정규근사에 관한 라플라스의 정리입니다.

자, 그럼 지금부터는 일상에서의 신뢰수준과 표본오차에 관한 이야기를 들려주겠습니다. 수학 이야기가 아닌 일상 이야기를 한다고 하니 이제야 돌쇠도 정신을 차리는군요.

오늘날은 대통령 선거에서 득표율 조사를 하거나 TV 시청률을 조사하는 것을 공공연히 접하게 됩니다. 선거철에 꼭 한 번씩은 받게 되는 전화가 그런 것과 연관이 있습니다. 가령 뉴스에서 선거 사전조사와 같은 것을 보도할 때, 신뢰수준이 어떻고, 표본오차가 어떻고 하는 말을 자주 들을 수 있었을 것입니다.

선거철이 되면 으레 여론조사 기관에서는 어떤 후보가 당선될 것인지에 대한 여론을 조사하여 각 후보에 대한 전체 유권자의 지지도를 추측합니다. 그런데 신기한 것은 1500명에서 2000명 정도만을 조사하여 추측하는데 투표 결과와 거의 일치하는 경우가 많다는 것입니다. 그러나 물론 예측과 결과가 다르게 나올 가능성은 항상 있습니다. 그래서 방송에서는 조사 결과를 발표할 때, 오차 범위를 함께 말해 줍니다. 예를 들어 'A 후보의 지지도는 40.1%이며, 95% 신뢰도에서 표본오차 ±2.0%입니다.'와 같이 말입니다. 이 말은 조사에 비해 실제 투표 결과가 2% 클 수도 있고, 2% 작을 수도 있음을 뜻합니다. 또 95% 신뢰도란 같은 일을 100번 반복하였을 경우, 95번95%은 신뢰할 수 있다는 뜻입니다.

자고 있는 돌쇠를 깨우며 이번 수업을 마치도록 하겠습니다.

수업정리

❶ 평균 m이 취하는 범위가

$\overline{X}-1.96\cdot\dfrac{\sigma}{\sqrt{n}}\leq m\leq \overline{X}+1.96\cdot\dfrac{\sigma}{\sqrt{n}}$ 일 때, 신뢰도가 95%임이 알려져 있습니다.

❷ 모집단의 분포가 정규분포 $N(m, \sigma^2)$을 따를 때, 모평균 m은 다음과 같은 범위에 있습니다. 단, $\overline{X}$는 표본평균, n은 표본의 크기, σ는 모표준편차 또는 표본표준편차입니다.

(1) 신뢰도 95%일 때 : $\overline{X}-1.96\cdot\dfrac{\sigma}{\sqrt{n}}\leq m\leq \overline{X}+1.96\cdot\dfrac{\sigma}{\sqrt{n}}$

(2) 신뢰도 99%일 때 : $\overline{X}-2.58\cdot\dfrac{\sigma}{\sqrt{n}}\leq m\leq \overline{X}+2.58\cdot\dfrac{\sigma}{\sqrt{n}}$

위 식에서 모집단이 정규분포를 따르지 않는다고 해도 모집단의 크기가 충분히 클 때는 위의 추정 공식은 성립하는 것으로 볼 수 있습니다.

❸ 신뢰구간의 길이에 대하여

모표준편차가 σ인 모집단에서 n개의 표본을 추출하여 모평균을 추정할 때, 신뢰구간의 길이는 다음과 같습니다.

(1) 신뢰도 95%일 때 : $2 \times 1.96 \times \dfrac{\sigma}{\sqrt{n}}$

(2) 신뢰도 99%일 때 : $2 \times 2.58 \times \dfrac{\sigma}{\sqrt{n}}$

❹ 중심극한정리

확률변수 제n항까지의 합의 분포가 $n \to \infty$일 때, 정규분포에 가까워지는 것을 보이는 정리를 중심극한정리라고 합니다. 정규분포란 도수분포곡선이 평균값을 중앙으로 하여 좌우 대칭인 종 모양을 이루는 것을 말합니다. 중심극한정리로 가장 기초적인 것은 이항분포의 정규근사에 관한 라플라스의 정리입니다.

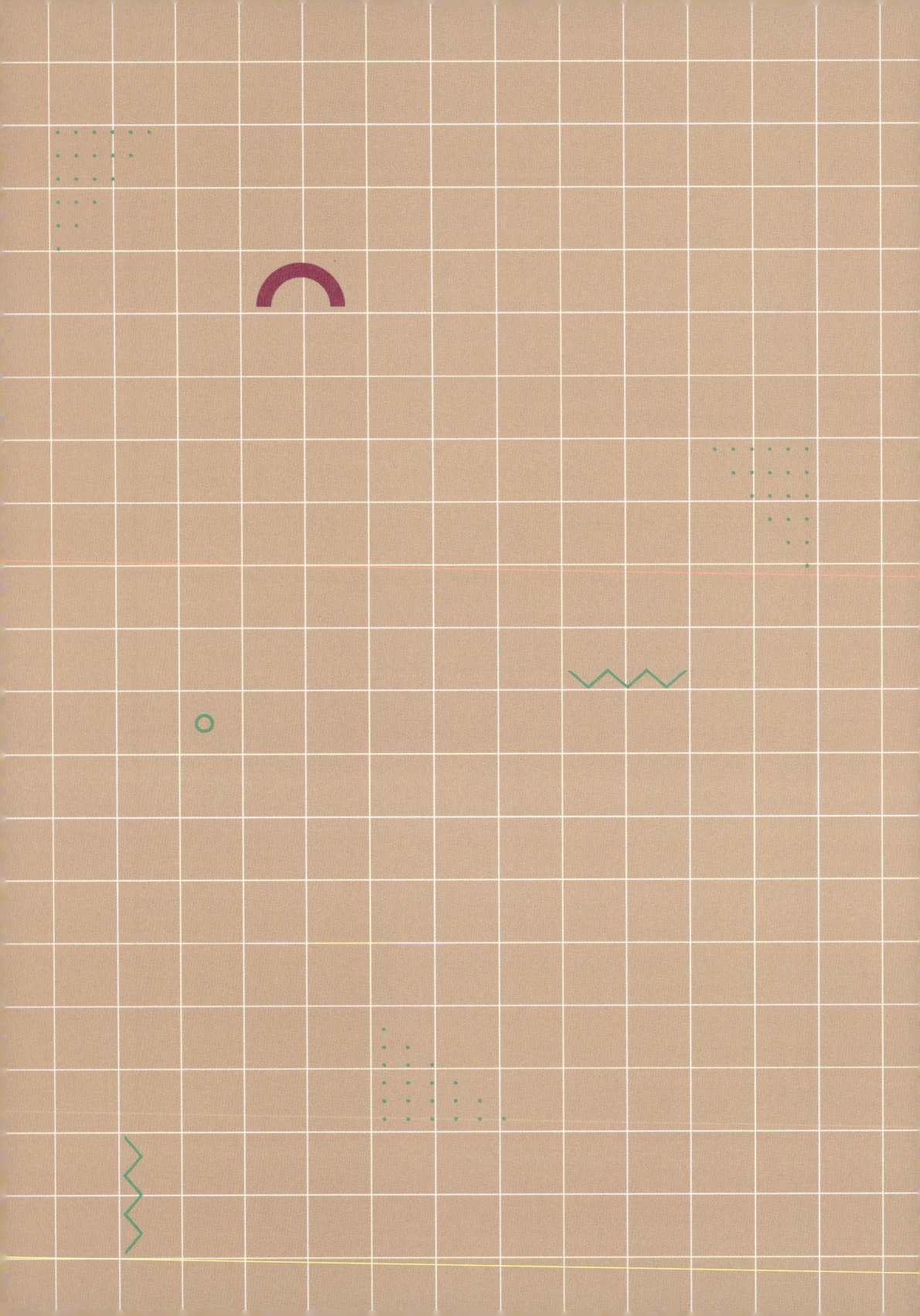

6교시

추정과 연관된 간단한 문제

실제 문제를 통해 지금까지 배운 추정을 익혀 봅니다.

수업 목표

1. 추출에 대한 문제를 알아봅니다.
2. 평균, 분산, 표준편차에 대해 알아봅니다.
3. 신뢰구간에 대한 문제를 풀어 봅니다.

미리 알면 좋아요

1. **복원추출** 추출하였던 것을 제자리에 돌려놓고 다음 것을 추출하는 방법을 말합니다.

2. **비복원추출** 추출한 것을 제자리에 되돌리지 않고, 다음 표본을 추출하는 방법을 말합니다.

3. **루트** $\sqrt{}$ 거듭제곱근

4. **좌우 대칭** 어떤 물체의 중앙을 중심으로 하여 세로로 나누었을 때 그 좌우 절반이 서로 똑같은 모양을 말합니다.

5. **등호** 두 식 또는 두 수가 같음을 나타내는 부호 '＝'를 이르는 말입니다.

피셔의
여섯 번째 수업

돌쇠야, 다음 문제를 한번 풀어 보자꾸나.

쏙쏙 문제 풀기

숫자 1, 2, 3이 적힌 3장의 딱지에서 딱지 2장을 복원추출 하는 방법의 수는?

확률에서 경우의 수를 알아보는 문제지만 우리가 주의해서 읽어야 할 부분은 복원추출이라는 말입니다. 먼저 복원추출이란, 뽑은 것을 다시 원상 복귀시키면서 뽑는 방법을 말합니다. 가령 앞에서 말한 딱지 뽑기의 경우 딱지가 나오는 경우의 수는 3가지, 즉 1, 2, 3 총 3개의 수 중에서 하나를 선택하는 경우가 3가지란 말입니다. 그다음 두 번째로 뽑는 경우 역시 1, 2, 3 총 3개의 수 중 하나를 뽑는 경우는 3가지입니다. 그다음은 첫 번째 경우와 두 번째 경우를 곱합니다. 확률에서 배웠습니다. 2가지 경우가 서로 영향을 미치지 않으면 곱의 법칙을 적용한다고 말입니다.

자, 복원추출을 알아봤으니 비복원추출의 경우도 알아봅시다. 비복원추출은 복원추출과 반대로 먼저 뽑은 것을 다시 넣지 않고 다음 표본을 뽑거나 동시에 뽑는 방법이라고 배웠습니다. 그럼 이 비복원추출을 이용하여 앞에서의 문제를 바꿔 풀도록 하겠습니다. 첫 번째 딱지를 뽑은 경우는 복원이나 비복원이나 같습니다. 그래서 3가지입니다. 그런데 두 번째 딱지에서는 달라집니다. 처음에 뽑은 딱지를 넣지 않았으니 남은 딱지가 2개입니다. 그래서 두 번째 딱지를 택할 수 있는 경우는 2가지가 됩니다. 그래서 각각을 곱하면 3곱하기 2로 6이 됩니다. 복원추출일 때는 9가지이고 비복원추출일 때는 6가지입니다.

다음은 표본의 크기에 대한 문제입니다.

> **쏙쏙 문제 풀기**
>
> 모집단 $\{a, b, c, d\}$에서 크기가 2인 표본을 추출할 때, 표본의 크기는?

복원추출일 때는 $(a,a), (a,b), (a,c), (a,d), (b,a), (b,b), (b,c), (b,d), (c,a), (c,b), (c,c), (c,d), (d,a), (d,b), (d,c), (d,d)$로 16가지입니다.

이제 비복원으로 1개씩 2회 추출을 하겠습니다. $(a,b), (a,c), (a,d), (b,a), (b,c), (b,d), (c,a), (c,b), (c,d), (d,a), (d,b), (d,c)$로 12가지입니다.

돌쇠는 모든 순서쌍이 다 비슷하다고 합니다. 하지만 아닙니다. 자세히 보면 다른 곳도 많습니다. 비복원추출로 동시에 2개를 추출할 때입니다. $(a,b), (a,c), (a,d), (b,c), (b,d), (c,d)$로 6가지뿐입니다.

들판에서 모를 심고 있던 돌쇠를 도우며 또 다른 문제를 풀어 보도록 하겠습니다.

문제 풀기

모평균이 5, 모표준편차가 0.4인 모집단에서 크기 100인 임의표본을 복원추출 하는 경우, 표본평균 $\overline{X}$의 평균, 분산, 표준편차의 값은?

용어부터 다시 알아보고 시작하도록 합니다.

'모집단'은 조사의 대상이 되는 집단 전체를 말합니다. 모집단의 평균, 분산, 표준편차를 '모평균', '모분산', '모표준편차'라고 합니다. 용어에 대한 정리는 이쯤이면 됐습니다. 문제를 풀기 전에 생각해 보도록 합니다.

모평균이 m, 모분산이 σ^2인 모집단에서 크기가 n인 표본을 복원추출 할 때, 표본평균 $\overline{X}$에 대하여 $E(\overline{X})=m$, $V(\overline{X})=\dfrac{\sigma^2}{n}$, $\sigma(\overline{X})=\dfrac{\sigma}{\sqrt{n}}$의 관계를 가집니다. 이것은 모집단의 분포만으로 표본평균의 평균, 분산, 표준편차를 구할 수 있다는 것입니다.

돌쇠가 이 식들을 보며 두려움에 벌벌 떨고 있습니다. 이 식을 자주 접하지 않은 돌쇠로서는 당연하다고 봅니다. 그래서 우리 이 식들과 인사를 한번 쭉 나눠 봅니다.

먼저 소개할 친구는 $E(\overline{X})=m$, 표본평균입니다. 그는 변수 $\overline{X}$에 대한 평균이지요. X는 하늘에서 비가 오면 비를 맞을 수밖에 없지만 $\overline{X}$는 위에 있는 '바'라는 작대기로 인해 비 걱정을 안 해요. 그리고 언제나 자외선으로부터 보호받을 수도 있습니다.

두 번째로 소개할 친구는 $V(\overline{X})=\dfrac{\sigma^2}{n}$입니다. 이름은 표본평균의 분산입니다. 분산이란 자료나 어떤 확률분포의 흩어진 정도를 나타내는 하나의 측도이며, 산포도와 아주 친한 관계입니다. $V(\overline{X})=\dfrac{\sigma^2}{n}$, 이 친구는 일반 분산과는 좀 다르게 n으로 나누어져 있다는 것이 특징입니다. 앤, 앤, 앤 넘버 앤입니다. 금방 이 소리는 마침 우리 옆을 지나가던 준 교수가 한 이야기입니다.

세 번째 친구 $\sigma(\overline{X})=\dfrac{\sigma}{\sqrt{n}}$입니다. 표본평균의 표준편차입니다. 이 친구 역시 n으로 나누어지지만 n의 모양이 좀 다릅니다. n에 $\sqrt{}$ 루트라는 기호가 씌어져 있습니다.

자, 그럼 이제 등장인물을 잘 알아보았으니 이 친구들이 앞으로 어떤 활약을 하게 될지 지켜보도록 합시다.

아 참, 먼 길을 돌아왔으니 다시 한번 앞의 문제를 떠올려 보도록 합시다. 문제는 '모평균이 5, 모표준편차가 0.4인 모집단에서 크기 100인 임의표본을 복원추출 하는 경우, 표본평균 $\overline{X}$의 평균, 분산, 표준편차'를 구해 보는 것이었습니다. 이 문제의 경우 $m=5$, $\sigma=0.4$, $n=100$인 경우이므로 $E(\overline{X})=m=5$, $V(\overline{X})=\dfrac{\sigma^2}{n}=\dfrac{0.4^2}{100}=0.0016$이 됩니다.

지금까지 문자 자리에 수를 넣어서 무난하게 한 것입니다. 그러므로 $\sigma(\overline{X})=\dfrac{\sigma}{\sqrt{n}}=\sqrt{V(\overline{X})}=\sqrt{0.0016}=0.04$가 됩니다.

시골의 밤은 아주 깜깜합니다. 그리고 변소도 밖에 있는 경우가 대부분입니다. 돌쇠가 밤에 변소 가는 것이 무섭다고 하여 같이 따라갔습니다. 시골의 밤경치가 아름답습니다. 그래서 앉아서 볼일을 보며 생각을 좀 해 보라고 문제를 하나 냅니다.

쏙쏙 문제 풀기

변수 X가 정규분포 $N(60, 10^2)$을 따르는 모집단에서 크기 20인 표본을 임의추출 할 때, 표본평균 $\overline{X}$가 이루는 분포를 구하시오.

변소에서 변수 X에 관한 문제를 알아보니 그 맛이 색다를 것 같습니다.

앞의 문제에서 정규분포라는 말이 나왔습니다. 정규분포는 대표적인 연속확률분포의 하나입니다. 이 말이 무슨 뜻인지 잘 몰라도 됩니다. 그림만 기억해 주세요.

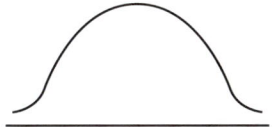

이 그림은 정규분포곡선에 대한 그림입니다. 평균 m을 중심으로 좌우 대칭인 종 모양의 곡선입니다. 이 그림은 평균 m과 표준편차 σ의 여러 가지 값에 대한 정규분포곡선의 모양을 나타낸 것입니다.

정규분포는 프랑스 출신의 영국 수학자인 드무아브르《드무아브르가 들려주는 정규분포 이야기》참고가 처음으로 발견했고, 그 후 독일의 수학자인 가우스가 물리학과 천문학 등에서 폭넓게 응용하였습니다. 아마도 내 생각인데 가우스가 시골 화장실에서 별을 보다가 정규분포곡선을 응용했나 봅니다. 왜냐면 응---용 하면서 용을 썼으니까요. 하하. 그리고 또 하나 시골 화장실에서 변을 보면서 밑을 내려다본 사람은 알겠지만 사람들이 눈 변이 쌓인 모습을 옆에서 본다면 거의 정규분포곡선처럼 변이 쌓여 있습니다. 머릿속에 그림이 그려지지 않습니까? 가운데를 중심으로 변이 수북이 쌓이는 모습 말입니다. 그게 바로 정규분포곡선의 그림입니다.

이제 구수한 변 이야기는 그만하고 일반적으로 변수 X가 $N(m, \sigma^2)$을 따를 때, $\overline{X}$는 $N\left(m, \dfrac{\sigma^2}{n}\right)$을 따르므로 $\overline{X}$는 $N\left(60, \dfrac{10^2}{20}\right)$, 곧 $N(60, 5)$를 따르게 됩니다. 이게 바로 분포된 상태입니다.

자, 다음은 표본의 크기에 대한 문제입니다.

> **쏙쏙 문제 풀기**
>
> 표준편차가 1인 정규분포를 따르는 모집단의 평균에 대하여 일정한 신뢰도의 신뢰구간의 길이를 2로 하려면 표본의 크기가 16이어야 한다. 신뢰구간의 길이를 0.5로 하려고 할 때 필요한 표본의 크기를 구하시오.

돌쇠, 어서 창고에 가서 신뢰구간의 길이를 구하는 공식을 하나 들고 오세요. 나는 돌쇠를 신뢰할 수 없어서 세 번째 줄에 두 번째 칸의 공식을 가져오라고 일러 주었습니다. 왜냐면 돌쇠가 신뢰구간의 길이 구하는 공식을 모를 것이기 때문입니다.

잠시 후 돌쇠가 공식을 하나 들고 왔습니다. 봅시다.

$$\overline{X} - k \cdot \frac{\sigma}{\sqrt{n}} \leq m \leq \overline{X} + k \cdot \frac{\sigma}{\sqrt{n}}$$

아뿔사! 이 공식이 아닙니다.

이 공식은 신뢰도를 나타내는 공식입니다. 돌쇠는 제대로 하는 일이 없는 것 같습니다.

할 수 없습니다. 이 공식을 잘라 붙여서 신뢰구간의 길이를 구하는 공식을 만들어서 사용하도록 합니다. 나는 오늘 맥가이버가 되도록 하겠습니다. 예전 드라마 맥가이버〈맥가이버 MacGyver〉는 미국 ABC의 TV 시리즈물입니다. 리처드 딘 앤더슨 주연으로, 우리나라에서도 1980년대에 큰 인기를 끌었습니다.에서 나오는 음악이 내 머릿속에서 들리는 것 같습니다.

$$\overline{X} - k \cdot \frac{\sigma}{\sqrt{n}} \leq m \leq \overline{X} + k \cdot \frac{\sigma}{\sqrt{n}}$$

일단 이 식을 도마 위에 올려놓습니다. 그리고 예리한 식칼을 이용하여 다음과 같이 잘라 냅니다.

$$k \cdot \frac{\sigma}{\sqrt{n}}$$

거의 다 잘라 내고 뒷부분의 일부분만 남겼습니다. 그다음으로 2라는 밀가루를 잘 반죽하여 k 앞에 붙여 놓습니다. 물기가 어느 정도 있어야만 잘 붙을 것입니다. 물기, 즉 수분이 부족하여 k에 안 붙고 떨어지면 안 됩니다. 자, 잘 붙은 상태를 보세요.

$$2k \cdot \frac{\sigma}{\sqrt{n}}$$

이게 바로 신뢰구간의 길이를 구하는 공식입니다. 이 공식만 있으면 아까 그 문제는 식은 죽 먹기입니다.

표준편차가 1인 정규분포를 따르는 모집단의 평균에 대하여 일정한 신뢰도의 신뢰구간의 길이를 2로 하려면 표본의 크기가 16이어야 합니다. 신뢰구간의 길이를 0.5로 하려고 할 때 필요한 표본의 크기를 구해 보겠습니다. 신뢰구간의 길이는

$2k \cdot \dfrac{\sigma}{\sqrt{n}}$ 이므로 표준편차 σ가 1이고 신뢰구간의 길이 2, 표본의 크기 n이 16.

이것을 가지고 방정식을 세워 보면 $\dfrac{2k \times 1}{\sqrt{16}} = 2$에서 $k=4$입니다. 따라서 구한 k의 값을 다시 $2k \cdot \dfrac{\sigma}{\sqrt{n}}$ 식의 k 자리에 대입하여 신뢰구간의 길이 0.5로 두고 표본의 크기 n을 구해 보겠습니다.

$$\dfrac{2 \times 4 \times 1}{\sqrt{n}} = 0.5$$

음, 이 식이 우리에게 큰 고통을 안겨 줍니다. 아픔을 잊고 도전해 봅니다. 일단 분모의 $\sqrt{n}$을 우변의 0.5에 곱해 주세요. 그래도 됩니다. 이 세상 모든 분수 모양의 식에서 분모는 등호를 넘어 가면서 곱해도 됩니다. 전국 어디에서나, 아니 세계 어디에서나 다 그렇습니다.

$$2 \times 4 \times 1 = 0.5 \times \sqrt{n}$$

식이 쭈욱 펼쳐졌습니다. 아까보단 보기 좋습니다. 참, 좌변을 저렇게 놓아둘 겁니까? 계산해 버려요.

$$8 = 0.5 \times \sqrt{n}$$

0.5가 싫으니까 양변에 10을 곱해서 5로 변하게 만들어야 합니다.

$$80 = 5 \times \sqrt{n}$$

서서히 요리되어 가고 있습니다.

$\sqrt{n}$ 앞에 붙어 있는 5를 없애기 위해서 양변에 5를 나누어도 됩니다. 등식의 성질에 우리는 미리 허락을 구해 놓았거든요.

$$16 = \sqrt{n}$$

이제 우리는 돌쇠랑 머리를 맞대고 이 $\sqrt{}$를 어떻게 처리할지 고민하고 있습니다. 그런데 돌쇠랑 머리를 맞대니 머리가 깨질 듯이 아픕니다. 돌쇠의 머리는 단단하기가 화강암과 같습니다.

돌쇠랑 머리 맞대기를 그만두고 $\sqrt{}$를 없애는 방법을 제대로 생각해 냈습니다. 그 방법으로는 제곱이 있습니다. 양변을 제곱하면 됩니다. 정리하세요. $\sqrt{}$를 없애는 제대로 된 방법은 제곱입니다. 제곱이란 똑같은 모습으로 두 번 곱하는 것을 말합니다.

2의 제곱은 2곱하기 2입니다. 그럼 양변을 제곱하는 멋진 장면을 봅니다.

$16 \times 16 = \sqrt{n} \times \sqrt{n}$ 지금은 이렇게만 알아 두세요. $\sqrt{n} \times \sqrt{n} = n$이 된다는 사실을 말입니다.

그래서 결과는 $256 = n$이 됩니다. 우리가 알고자 하는 표본의 크기는 256이 되는 것입니다.

이상 문제 풀이를 모두 마치고 다음 수업 시간에는 마지막 고비인 일상생활에서 응용되는 추정 이야기를 해 보도록 하겠습니다.

수업정리

❶ 모평균 m, 모분산 σ^2인 모집단에서 크기 n인 표본을 복원추출 할 때, 표본평균 $\overline{X}$에 대하여, $E(\overline{X})=m$, $V(\overline{X})=\dfrac{\sigma^2}{n}$, $\sigma(\overline{X})=\dfrac{\sigma}{\sqrt{n}}$의 관계를 가집니다.

❷ 정규분포는 프랑스 출신의 영국 수학자인 드무아브르가 처음으로 발견했고, 그 후 독일의 수학자인 가우스가 물리학과 천문학 등에 폭넓게 응용하였습니다.

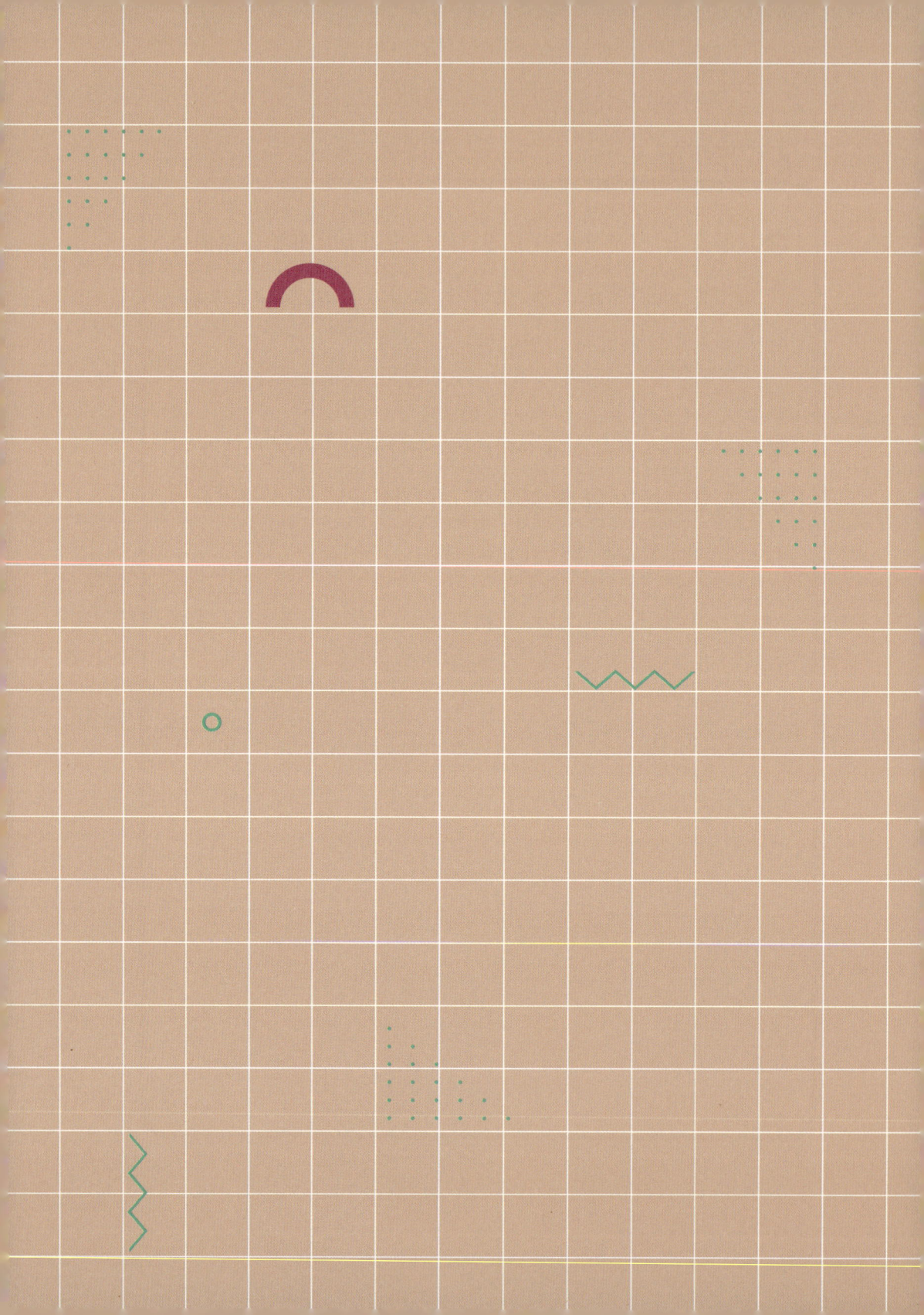

7교시

일상생활에서 적용되는 추정 이야기

추정과 통계가 실생활에서
어떻게 활용되고 있는지 알아봅니다.

수업 목표

1. 일상생활에 적용된 추정에 대해 알아봅니다.
2. 컴퓨터를 이용한 표본평균과 모평균의 추정을 알아봅니다.

미리 알면 좋아요

1. **기상 이변** 보통 지난 30년간의 기상과 아주 다른 기상 현상을 말합니다.

2. **선호도** 좋아하는 정도를 말합니다.

피셔의
일곱 번째 수업

    나와 돌쇠는 호수에서 물고기를 잡고 있습니다. 안개 낀 호수가 제법 운치가 있습니다. 그런데 돌쇠가 이 호수에 물고기가 과연 몇 마리나 있을지 궁금하다고 합니다. 그래서 나는 이 호수의 물고기 수를 추정하려고 합니다. 왜? 나는 현대 통계학의 창시자인 피셔이니까요. 그리고 물고기를 영어로 피시fish라고 합니다. 왠지 나의 이름 피셔와 비슷하지 않습니까?

    물고기의 수를 알려면 먼저 몇 마리의 물고기를 잡아서 표식을 한 다음 다시 호수에 넣고, 또 몇 마리의 물고기를 잡습니다. 이 중에서 표식이 된 물고기의 비율을 구하면 호수 전체의 물고기 수는 $\frac{(잡은\ 물고기의\ 수)}{(표식된\ 비율)}$ 와 같이 구할 수 있는데, 이것은 통계적 추정 방법에 의한 것입니다.

여기서는 모집단과 표본을 이해하고, 이를 바탕으로 통계적 추정 방법을 비유를 통해 알 수 있습니다. 그런데 이 방법에서 돌쇠의 실수로 호수 전체의 물고기를 수를 추정하는 데 실패하고 말았습니다. 돌쇠가 잡은 물고기 몸에 표식을 했는데 그게 그만 수성 볼펜으로 표시를 했지 뭡니까. 그래서 잡은 물고기를 구별할 수가 없습니다.

그래서 우리는 호수에 있는 물고기 전체의 수를 추정하는 것은 그만두고 물고기를 두어 마리 잡아 매운탕을 끓이기로 했습니다. 그러자 이상하게도 그렇게 잘 잡히던 물고기가 잡히지 않습니다.

집으로 돌아온 우리는 마트에서 산 생선으로 매운탕을 끓여 먹으면서 다음과 같은 표본조사 방법에는 어떤 문제점이 있는지 토론하기로 합니다.

(1) TV 저녁 뉴스 기사를 준비하는 리포터가 오늘 종로에서 있었던 문화 행사에 대한 우리나라 국민들의 선호도를 알아보기 위하여 이태원을 돌아다니면서 거리에 있는 사람들에게 질문을 한다고 합니다. 어떤 문제점을 지니고 있을까요?

돌쇠가 말합니다.

"문화 행사는 종로에서 있었는데 리포터는 이태원에 가서 조사한다고 하니, 안 그래도 외국인이 많은 그곳에서 '우리나라 국민'들의 선호도를 조사하기는 어려울 것 같습니다. 또 장소도 이태원이다 보니 종로에서 했던 문화 행사에 대해 알고 있는 사람이 그곳에 많이 있을 거라는 확신도 하기 어렵습니다. 그렇기 때문에 올바른 표본조사가 될지 의문스럽습니다."

(2) 이번 대통령 선거에 출마한 후보자 중에 국민들이 어느 후보를 가장 선호하는지 알아보기 위하여 전국 모든 유권자에게 설문지를 보낸다면 어떤 문제가 생길까요?

얼마나 힘이 드는지 돌쇠가 직접 체험을 한다기에 돌쇠에게 어머니에게 보내는 편지 한 장을 써 보라고 했습니다. 30분 정도 걸려 돌쇠가 한 장을 엄청 큰 글씨로 써 왔습니다. 종이는 A4용지에 썼지만 글자를 너무 크게 써서 몇 글자 안 되는 것 같습니다.

하지만 나는 그것을 10장만 똑같이 써 보라고 했습니다. 돌쇠 4장 정도 쓰고 난 후 힘들다고 포기합니다. 그렇습니다. 편지 10장

쓰기도 이렇게 힘이 드는데 전국 모든 유권자에게 하는 전수조사의 경우 시간과 비용이 너무 많이 드는 문제점이 있습니다.

구간추정에 대한 이야기를 좀 하도록 합시다.

시골에 사는 돌쇠는 어릴 적에 버스를 이용하여 등교를 하였습니다. 1년 동안 등교 시간을 일일이 기록해 보니 등교 시간은 평균 46분, 표준편차가 7분인 정규분포를 따른다고 합니다. 그 사실을 어떻게 알았냐고 돌쇠가 나에게 물어봅니다. 그래서 나는 자세한 것은 물어보지 말라고 했습니다. 너무 자세히 알면 다친다고 했습니다.

아무 의심을 갖지 말고 다음 물음에 답해 보라고 했습니다.

① 등교 시간이 32분과 60분 사이인 날은 전체 등교한 날의 몇 %인가?
② 등교 시간이 41분과 51분 사이인 날은 전체 등교한 날의 몇 %인가?

돌쇠는 너무 오래전 일이라 기억하지 못한다고 합니다. 나는 돌쇠를 크게 나무랍니다. 무슨 거짓말을 하냐고, 돌쇠는 마흔이라는 늦은 나이로 초등학교를 졸업했습니다. 그리고 현재 중학교 1학년이 되었습니다. 그런데 너무 오래전 일이라고 하면 정상적으로 학교 다녔던 사람이라면 맞는 말이지만 돌쇠는 그런 상황이 아닌데 그런 말을 해서 나는 짜증이 신뢰구간 95%에서 팍~! 하고 정규분포곡선의 평균 m지점에서 솟구쳐 올랐습니다. 갑작스러운 나의 이런 솟구침에 학생 여러분은 많이 놀랐지요. 이해해 주세요.

나는 다시 마음을 가라앉히고 평균 46분이 속해 있는 구간을 조사해 보았습니다. 그러나 등교 시간이 정규분포를 따른다는 사실만 알고 평균을 모를 경우에, 어느 날 등교를 할 때 걸린 시간으로 이 정규분포의 평균을 추측해야 합니다.

이와 같이 모집단의 평균, 분산 등을 알지 못할 때, 표본을 추출하여 그 범위를 추정하는 것을 구간추정이라고 합니다. 또한 어떤 추정이 적중할 확률을 그 추정의 신뢰도라고 합니다.

결론적으로 말하면 나는 돌쇠의 말을 신뢰할 수 없습니다.

그러자 돌쇠가 발끈하여 이런 수학을 배워 어디다 써먹을 것인지 물어봅니다. 그래서 나는 수학의 전문가들이 사회에 나가서 다음과 같은 직업을 가질 수 있다고 말해 줍니다.

(1) 여론조사

확률을 많이 이용하는 직업 중에는 여론조사자가 있습니다. 여론조사와 확률은 떼려야 뗄 수 없는 관계입니다. 선거철이 되면 여론조사자는 밤낮이 없어집니다. 어느 후보가 당선될지 그 확률을 알아보기 위하여 여론을 조사하고 통계를 내면서 정신없이 일을 합니다. 그렇다고 여론조사자가 선거철에만 일을 하는 것은 아닙니다. 상품을 만들거나 광고를 할 때, 구매자의 특성을 알기 위해, 상품에 대한 선호도를 조사하기 위해 여론조사를 많이 합니다. 직업으로서 여론조사자는 매우 전망이 밝습니다.

(2) 기상 관측

기상을 관측하는 곳에서도 확률이 중요하게 쓰입니다. 주로 비가 올 확률과 같은 여러 기상 현상에 대한 관측을 합니다. 하지만 요즘같이 기상 이변이 많은 날에는 기상 관측소에서 일을 하면 욕을 먹기 십상입니다. 확률은 어디까지나 확률이므로 그런 각오 없이 이 일을 할 수 없습니다. 그렇더라도 욕을 먹는 것으로 따지면 기상 관측소보다는 정치인들이 욕을 더 많이 먹으니 기상 관측일도 해 볼 만하다고 생각합니다. 참고로 돌쇠농부와 나통계학자는 TV에 나오는 기상 뉴스에 관심이 많습니다.

(3) 의학

의학 분야에서도 통계는 활약을 합니다. 의학과 관련해서도 확률이 자주 쓰이기 때문입니다. 가령, 수술이 있을 때 그 수술이 성공할 확률, 어떠한 병이 발생할 확률 등 의학의 여러 분야에서 확률은 이용됩니다. 일반인들이 어떤 식품을 섭취하게 되었을 때, 특정 병이 발생할 확률이 몇 %라고 제시할 수 있는 것도 역시 통계를 통해 하는 일입니다. 담배와 폐암과의 관계, 술이 간에 미치는 영향을 수치로 나타내는 것도 다름 아닌 통계가 해 주는 일입니다.

내가 열심히 이야기하는 동안 돌쇠는 옆에서 열심히 자고 있습니다. 나는 다시 몸의 열이 평균 m을 중심으로 솟구쳐 오르는 정규분포곡선을 그립니다. 그리고 표준편차가 아주 작은, 즉 뾰족이 솟아오르는 정규분포곡선 모양이 되었습니다. 아무래도 나는 곧 폭발할 것 같습니다. 하지만 나는 내게 무릎 꿇고 비는 돌쇠를 용서하기로 합니다. 그래서 나의 정규분포곡선은 다시 표준편차가 커지면서 고르게 곡선을 이룹니다. 이 말뜻을 이해한 학생은 우리 수업을 잘 들었다는 뜻입니다. 만약 이해가 좀 부족하다고 생각되는 학생들은 앞의 내용을 한번 더 읽어 보도록 합니다.

자, 여러분. 이제 모든 수업을 마쳤습니다. 피셔와 추정을 배운다고 수고 많이 했습니다. 좀 쉬세요. 끝!

수업 정리

모집단의 평균, 분산 등을 알지 못할 때, 표본을 추출하여 그 범위를 추정하는 것을 구간추정이라고 합니다. 또한 어떤 추정이 적중할 확률을 그 추정의 신뢰도라고 합니다.